WHAT'S IN A CHINESE NAME

Lin Shan 林珊 **Third Edition**

名谱

FEDERAL PUBLICATIONS

Singapore · Kuala Lumpur · Hong Kong

©1981, 1985, 1986 Federal Publications (S) Pte Ltd

This edition first published 1986 by
Federal Publications (S) Pte Ltd
A member of the Times Publishing Group
Times Centre, 1 New Industrial Road, Singapore 536196
E-mail: fps@corp.tpl.com.sg
Online Book Store: http://www.timesone.com.sg/fpl

First edition   1981
Second edition 1985
Third edition   1986
Reprinted   1987, 1988, 1990 (twice), 1991, 1992 (thrice)
                 1993 (twice), 1994, 1996, 1997, 1998

ISBN 98101 2004 4

Printed by Press Ace Pte Ltd, Singapore

FOREWORD

It was from the heart of Juliet, a Capulet, pining for the love of Romeo of the rival House of Montague that these words were spoken:

> What's Montague? It is nor hand, nor foot.
> Nor arm, nor face, nor any other part
> Belonging to a man. O, be some other name!
> What's in a name? That which we call a rose
> By any other name would smell as sweet.

It seems that these sentimental words of a young lover put forth so well by the English bard, Shakespeare, have come down to influence the attitude towards the choosing of names in the English-speaking world.

In the Chinese-speaking world, however, the choosing of names for a person is all and everything – from cradle to grave and long ever after. The Chinese have always paid such meticulous attention to the choosing of names that it has become an art and even a science, a cultural tradition and a way of life for them.

To help modern Chinese parents to choose a name that has a good meaning, that sounds good and at the same time that is not commonplace, Madam Lin Shan has provided in this book a wide selection from among 900 propitious words. Each word, in simplified character and hanyu pinyin, is explained in English. A list of Chinese surnames, also in hanyu pinyin, and a brief account of the relation between Chinese names and the lunar animal signs are also included. This book is a practical guide that every Chinese family will find useful.

WU TEH YAO
March 20, 1981

CONTENTS

HOW TO USE THIS BOOK

How do the Chinese choose the names of their children? What are the customary practices involved in the naming game? These questions are answered in the Introduction, which also offers insights into the traditional and practical reasons that have to be considered.

Chinese surnames and names

Most Chinese surnames are of a single character, while a few are of two characters. The names, however, are usually of two characters, and this is the type used in the examples in this book.

On pages 14 to 16 is a list of surnames in simplified Chinese characters and hanyu pinyin, arranged alphabetically. The 900 characters that follow are those most commonly used in Chinese names. They are also arranged according to the alphabetical order of their hanyu pinyin, with meanings explained in English. A character may appear either as the first or the second word in a two-character name, for example, on page 18:

> Bái 白　～兰　(白 is used as the first character)
> 　　　　孔～　(白 is used as the second character)

About seven examples of names are given for each character.

The gender of names

An "F" at the foot of a character indicates that the character is usually used in a female name while an "M" indicates one commonly found in a male name. A character with neither of these letters can be used in either female or male names.

The meaning of names

A character may have many meanings, but only those meanings associated with name images are given. For example, "厚" (Hòu)

1

means variously (1) thick, (2) deep, (3) kind, (4) large, generous, (5) rich or strong in flavour, (6) favour. Only the third, fourth and sixth meanings are given, as the rest are unsuitable meanings for names.

To find the meaning(s) of a name, first transcribe the name into pinyin. Let us take "笑梅". Look up "Xiao" in the book. Among the several characters with the same pinyin, find "笑" and its meaning, which is given as "smile". In the same way, pick out "梅" from among the characters with the pinyin "Mei". It means "plum blossom". Thus, we have the meaning for "笑梅" which is "Smiling Plum Blossom".

INTRODUCTION

Why are names so important?

Chinese culture has a long history and Chinese characters have come a long way too. Chinese characters are not only beautiful in their forms, but they are also very subtle in their meanings. This is even more so as is manifested in a person's Chinese name. A Chinese name is a self-identification, a representation of one's personality, a recognition of one's legal rights and a symbol of one's existence. A person's visible form will die, but his formless life will live on forever in his name. Hence, there is a Chinese idiom which says: "One is not afraid to be born with a bad destiny but to be given a bad name."

The Chinese are very particular about a person's name. They even believe that a name can represent a person's fate and an appropriate name can change a person's initial ill fate. In our present society where human relations are gaining importance, a name can become an image-maker and thus greater attention is being paid to names. People usually form their first impression about somebody by the subconscious interpretation, correlation and implication of a person's name based on the forms, sounds and meanings of the words which make up the name. With this preconceived notion, people may arrive at certain conjectural information about the person.

Of course, what is more important is that a name will have an implicative impact upon a person's mentality in an invisible philosophical manner. A child's innate intelligence and spirit, lodged with the meaning of the words which make up the child's name will be there till he grows up. As the child has, day in and day out, for months and for years, been listening, writing and remembering his own name, his character and emotions will be unconsciously changed or moulded by the meaning inherent in his name. Indirectly a person's fate may be influenced in the same way.

Differences between Chinese and Western names

Chinese names are different from Western ones in that the latter are readily available and a Westerner needs only to choose one from a list. They call themselves John Coffin, Martin Everyday, Elizabeth Bird, Mary Blacksmith or Lucy Goldsmith. To the Chinese, these names seem strange and funny.

On the other hand, Chinese names are selected, after much thought, from the thousands of Chinese words.

To give an analogy, Western names are like clothes mass produced in a factory. As long as you find a suitable one, you can buy and use it. As for Chinese names, they are like clothes custom-made by the tailor, with the material specially picked and the style exclusively designed for you.

Guidelines for choosing a name

Through the shapes of characters, Chinese names in calligraphy can display a refined design and beauty just like a piece of abstract art. Even the combined sound of the characters in a Chinese name can strike a harmonious chord and be pleasant to the ear. Meanings of the words chosen for a name can also express the parents' aspirations for the child. Furthermore, the versatility of different combinations of words can convey varied shades of meanings.

So, in choosing a Chinese name, consideration must be given to the following qualities. A good name

- a. should be pleasant to the ear
- b. should be pleasant to the eye
- c. should be easy to write
- d. should be easy to remember
- e. should have a propitious meaning
- f. should have a good connotation.

(a) Names must be pleasant to the ear

The Chinese word for name, 名 (ming), is made up of 夕 (xi) meaning "night" and 口 (kou) meaning "mouth". This is to say that even though you cannot see a person in the dark of the night, you can use your mouth to call out his name. Therefore, a clear and resounding name is very important.

For instance, names like 余怡艺 (Yu Yiyi), 淑施诗 (Shu Shishi), 程述成 (Cheng Shucheng) and 谢温颖 (Xie Wenying) may be elegant in writing, but they sound muffled. As such, they cannot be considered good names.

(b) Names should be pleasant to the eye

Chinese characters are formed by strokes resulting in artistic structures. A name that has a balanced distribution of strokes and a harmonious image portrays a static form of architectural art.

A name that looks weak and frail is 丁子才 (Ding Zicai). Its thin lanky overall appearance suggests frailty and unsteadiness. Conversely, another name, 魏健麟 (Wei Jianlin) appears stout and complex.

Amiable and well-bred

Dynamic and bold

Strong and determined

Honest and uncomplicated

SIGNATURES AND PERSONALITIES

Both are instances of unattractive combinations of characters which are to be avoided in names.

(c) Names should be easy to write

We probably cannot reckon the countless times we sign or write our signatures.

The signatures, in Chinese characters, of some people have a free and natural flow, giving others a feeling of ease and gentility. Some sign their names with bold flourish, giving others a feeling of vigour. There are also signatures that evoke in others a feeling of firm determination with their strong, forceful strokes, while others in upright and prim form, give the impression that they belong to people of integrity and honour.

To obtain the image of a gliding cloud or flowing water, names with strokes that give a balanced structure should be the obvious choice.

In the written form 郝耶郁 (Hao Yeyu) and 陶隆阶 (Tao Longjie) look lopsided. Also the complicated strokes take much effort to write and so there is no certainty of a pretty visual form.

(d) Names should be easy to remember

True to the saying "A tiger leaves its skin after death, so does a person his name", a person's name becomes a part of him. Even after his death, his name represents all that he has done in his lifetime. At the mention of Abraham Lincoln and Thomas Edison, we recall a man who freed the Negro slaves and the king of inventions respectively.

While the person is alive, we may even see his name as a symbol of his looks, character, authority, status, wealth, reputation and power. Therefore, it is worthwhile to select a name that has a comprehensible meaning and thus is easy to remember, unique and yet not outlandish. Names like 陈玉英 (Chen Yuying), 王秀珍 (Wang Xiuzhen), 张丽珠 (Zhang Lizhu), 林正雄 (Lin Zhengxiong), 郑天赐 (Zheng Tianci) are too common and over-used, while names like 余睿妍 (Yu Ruiyan) and 邵魁槐 (Shao Kuihuai) have meanings that are too difficult to understand. It might even involve the devil (鬼) when explaining the last name. Yet other names such as 丁外人 (Ding Wairen), 易哭庵 (Yi Kuyan), 王仔昔 (Wang Zaixi) and 荀罕儒 (Xu Hanru) are rather queer.

6

(e) Names must have propitious meanings

As Chinese characters are representations of things and ideas, names, at the first encounter, can convey their intended meanings.

Whether the implied meaning of a name is refined and beautiful or common and shallow, it has a psychological play on the person. It also affects people's impressions of him.

Written into most names are the parents' ideals and hopes which, in turn, are based on the highest values and moral standards of the Chinese. These include loyalty, filial piety, humanity, trustworthiness, being peace-loving, showing care for one's family, setting an example and bringing glory to one's clan or ancestors.

Examples of names that incorporate this principle are:

耀宗 Yaozong
耀祖 Yaozu
} meaning to bring glory to one's ancestors

丽华 Lihua
美华 Meihua
} meaning beautiful flower or to beautify China

经国 Jingguo
纬国 Weiguo
} meaning to have authority over the country

家柱 Jiazhu
家栋 Jiadong
} meaning pillar of the family

文德 Wende
文贤 Wenxian
} meaning respectable scholar

(f) Names must have good connotations

The Chinese language has many homophones, that is, words with the same pronunciation. There are between 70 to 80 characters with the same pinyin of Qi and Yi.

Therefore, if the name mentioned is Qiyi (齐谊), the listener might at first instance, associate it with 棋艺 (skilful in chess), or 奇毅 (strong determination) or 琦蕙 (beautiful jade and lotus heart). To distinguish it from the above, there arises the need to clarify that the first word Qi (齐) means "orderly" and the second, Yi (谊) means "friendship".

7

Because of the many homophones that are present in the Chinese language, it is worth every effort to avoid those names with unrefined meanings such as:

Names	Homophones	Meanings of homophones
李芳碧 Li Fang Bi	你放屁 ni fang pi	you're talking nonsense
游史赞 You Shi Zan	牛屎蛋 niu shi dan	lump of cow-dung
简聪熙 Jian Cong Xi	捡东西 jian dong xi	collecting something
庄官财 Zhuang Guan Cai	装棺材 zhuang guan cai	filling up the coffin

All these names can cause undue embarrassment.

The Chinese have another interesting but not uncommon practice which somewhat deviates from the last two conditions that require names to have good meanings and connotations.

There were many well-known historical figures who had names made up of words with negative meanings, for example 霍去病 Huo Qubing, 赵破奴 Zhao Ponu and 辛弃疾 Xin Qiji. Individually, the component words in these names carry undesirable connotations, but in combination, two negative words produce a positive meaning.

去 (qu), meaning 'to get rid of' and 病 (bing), meaning 'illness' together form a phrase connoting blessing of an illness-free life. In the case of Huo Qubing, an able general of the Han dynasty, the name also has the additional positive meaning of 霍然而愈, or getting well quickly in the event of falling ill.

Similarly, 赵破奴 Zhao Ponu, a fellow Han general of Huo Qubing, had a positive, patriotic name meaning 破敌兵，杀匈奴, or 'defeating the enemy, killing the *Xiong nu*'.

辛弃疾 Xin Qiji, a renowned poet of the Southern Song dynasty, was very sickly during his childhood. In the hope of 弃绝疾病, or forsaking all illnesses, he was given his name 弃疾 Qiji. Negative words are, therefore, not necessarily taboo in names, provided they are used in judicious combination.

There have been cases, too, of parents picking names that seemingly have unfavourable meanings, such as:

乃愚　(Naiyu) meaning 'foolish'
若孺　(Ruoru) meaning 'naive like a child'
宜痴　(Yichi) meaning 'better to be foolish'
淡如　(Danru) meaning 'nonchalant'

The names convey an indifferent regard for worldly gains like fame and fortune, but they are chosen for a specific reason – to reflect the parents' philosophical attitude towards life.

Examples of some other Chinese surnames that carry negative connotations are 白 bai (in vain), 仇 chou (hatred), 刁 diao (tricky), 苟 gou (drift along), 冷 leng (cold), 厉 li (severe), 危 wei (danger), 巫 wu (witch), 胡 hu (reckless), 屠 tu (slaughter). Some surnames may have homonyms with negative connotations, for example, 吴 wu (无, nil), 裴 pei (赔, loss), 贾 jia (假 false), 佘 she (蛇 snake). So care has to be taken in choosing names for any of these surnames. The following names are designated to neutralize the negative connotations associated with such surnames:

危自安	Wei Zian	贾上弘	Jia Shanghong
冷艳芳	Leng Yanfang	巫秋萱	Wu Qiuxuan
吴虚白	Wu Xubai	裴畅怡	Pei Changyi
仇解元	Chou Jieyuan	屠蕙华	Tu Huihua
杜鹃春	Du Juanchun	佘大涵	She Dahan
苟礼新	Gou Lixin	胡桂祯	Hu Guizhen
莫　迟	Mo Chi	厉　维	Li Wei
屠　辛	Tu Xin	刁　禹	Diao Yu

Examples of well-chosen names

In addition to the conditions that have to be considered when naming a child, a good name should be complementary when combined with the surname. The following are, in the author's opinion, good names:

望青　*Huang Wangqing*

In one Chinese saying, 青黄不接 which means "when the new crop is still in the blade and the old one is all consumed . . . ", 青 (Qing) represents the new crop and 黄 (Huang) the old crop. Literally, 望青 is to look forward to the lush green seedlings even at the harvesting season of the golden ripe grains. The name, therefore, signifies ever-continuing harvest and bright prospects.

成终始 *Cheng Zhongshi*

Cheng means "success", Zhong "the end", Shi "the beginning", and as a whole this name signifies the hope of "success from beginning to end".

王安石 *Wang Anshi*

Wang Anshi was a well-known politician of the Song Dynasty. The name Anshi which means "stable foundation", seemingly had a direct bearing on Wang's career. Also the characters, being balanced and harmonious in structure, illustrate a good example of static beauty.

郑为 *Zheng Wei*

This one-character surname with a one-character name has the same pinyn as " 正为 " meaning "good and proper conduct". However, should the surname be 胡 (Hu). it becomes 胡为 (Hu Wei) and the opposite meaning "improper conduct" is implied.

Other examples of names well received for their favourable connotations are:

江万里	Jiang Wanli	(an endless river)
安如山	An Rushan	(as steady as a mountain)
王佐才	Wang Zuocai	(a talented assistant to the king)
王者辅	Wang Zhebu	(aided by the king)
凌云翰	Ling Yunhan	(lofty aspirations)
云朝霞	Yun Zhaoxia	(morning glow)
时丰稔	Shi Fengren	(time of bumper harvest)
诸国朝	Zhu Guochao	(looked upon by the states)
王侯喜	Wang Houxi	(happy marquis)
贺 寿	He Shou	(birthday greetings)

Generation names

Generation names came about when the ancestor of a clan assigned to each generation in his lineage a character which is usually taken from a propitious couplet or verse. For instance, the Huang (黄)

family of Zhongde (种德) clan in Jiangxia (江夏) county might pick the verse:

> 英俊兴昌　Ying Jun Xing Chang
> 永肇其祥　Yong Zhao Qi Xiang
> 青云得标　Qing Yun De Biao
> 辉焕芬芳　Hui Huan Fen Fang

These sixteen words would be taken on as the generation names for sixteen generations in that order, that is, beginning with 英 (Ying) for the first generation through 芳 (Fang) for the sixteenth. The generation names may be used as the first or second word in a two-character name. Through generation names, the ancestor aspired to embody the ideals of the verse throughout his lineage.

Generation names can also distinguish the ranks in the family hierarchy. Should you meet, outside your hometown, a person from the same province, you can know he is your cousin if he bears the same generation name as yours – even if it is the first time that you are meeting him. Thus, generation names promote relationship among relatives.

Generation names prolong the intrinsic culture of the Chinese and promote the virtue of not forgetting one's roots. They are the root of culture, the root of history and the root of a race.

E.g.	With one syllable:	May, Anne
	With two syllables:	Ada, Eva
	With three syllables:	Adela, Jonathan
	With four syllables:	Bartholomew, Elizabeth

So in this book, the Chinese equivalents, not the transliteration, of one-syllable English names are given in two characters. Similarly, two characters are applied to only two of the three- or four-syllable English names, e.g. 乐丽 or 莉达 for Lolita.

English names which are very similar in pronunciation, e.g. Muriel, Myra, Myrrha, and Myrtle, can share the same Chinese equivalents. You will choose from among these the Chinese equivalent that you want for your own English name.

11

简 介

人死留名

　　一个人跟自己名字的关系，可说一而二，二而一，一生形影不离。由于经年累月、朝朝暮暮地，耳中常常听着，笔下常常写着，心里常常记着，不知不觉地，就会产生潜移默化的作用，使自己的性情受到影响，间接地也影响命运。

　　西方人的名字，都是现成的，好象大量生产的成衣，你只要拣一个你喜欢的就是。可是华人的名字，要经过小心、周密的思考，好象裁缝师为你量身、缝制的衣服，是特别为你选料、配色、设计、剪裁而成。

　　华人的名字在字形上，可以表现书法的美感，字音上表现悦耳的声音，字义上更表现长辈对孩子的希望，和文字配搭的妙趣。使别人在"久闻大名"之后，由于名字的暗示和联想，而产生对那个人的第一印象，也可以对他的家庭背景、文化程度作相当的猜度。

　　一个好名字必须好听、好看、好懂、好记、好的含义、和好的联想。

　　一、好听　　"名"是由"夕"（night）和"口"（mouth）组成的，就是说在夜晚看不见的时候，可以用口呼叫对方的名字。因此字音清楚、肯定，音节响亮、悦耳，是很重要的。象余怡艺、石蕴玉，念起来觉得含糊不清。而李行（xíng, háng）、郑重（zhòng, chóng）、林乐（lè, yuè）、王朝（cháng, zhāo），这些多音字，也叫人不肯定应该怎么念。

　　二、好看　　我们已无法计算，一生中要写多少次自己的名字。无形中已把自己的性情、心神流注在笔尖，是生平写得最好的几个字。所以在取名选字的时候，要选笔划简单，形体稳定的字，才能形成一种优美的抽象艺术。象"丁子才"就看起来单薄，而"魏健麟"又看起来粗壮，都是字形不美的例子。

三、**好懂**　在向别人介绍自己姓名的时候，常要借助拆字，或解释字义，或借用现成的词语。比如名字是"章达生"，介绍时就说，立、早、"章"，"四通八达"的"达"，"先生"的"生"。最好不要选用生冷的字。好象：

——我叫王贲。三划"王"，"喷水"的"贲"没有"口"。

——哦，是不是"坟墓"的"坟"没有"土"？

你看，这样的理解，可不大妙呢!

四、**好记**　俗语说"虎死留皮，人死留名。"姓名的生命比人的生命长得多，有不灭的特性。比如一提起林肯（Abraham Lincoln），就叫人想起他是"解放黑奴的美国总统"。一提起爱迪生（Thomas A. Edison），就叫人想起"发明大王"。在一个人还活着的时候，名字更是他的体貌、人格、法权、产业、地位……的代号。

名字既然这样重要，怎样取个配合个人神貌，又不太怪，也不太俗的好名字，就更是一门学问了。象玉英、秀珍、顺发、福来，都太通俗，同名同姓的太多了。

五、**好的含义**　由于中文有顾名思义的特性，名字如果优美，就会给人良好的印象。名字如果粗俗，当别人问起贵姓大名的时候，就会不敢开口，怕被人取笑。名字大多反映父母的希望，和华人社会的价值观，以及做人的标准。象贤德、光正、慈孝、美慧都是。

六、**好的联想**　中文有许多同音字，取名时，要注意避免容易引起误会的字眼儿。有时还要用各种方言念一念，免得点名时，引起哄堂大笑。好象：

史　刚—屎　缸	简聪熙—拣东西
廖　平—尿　瓶	庄官财—装棺材
游始赞—牛屎蛋	曾桃燕—真讨厌

而高思德，这个本来很好的名字，汉语拼音是 Gāo Sidē，读起来就好象是福建话"狗屎"了。

贬义字姓名

历史上以贬义字取名的，有鼎鼎大名的霍去病、赵破奴、辛弃疾这些。名字虽然是贬义字，可是两个贬义字加在一起，就会产生（－）（－）＝（＋）负负得正的作用。"霍去病"有"霍然而愈"的意思；"赵破奴"是"破敌兵，杀匈奴"的意思。因为当时匈奴为患，时常侵扰中国，他们都是汉武帝的大将。辛弃疾是南宋诗人，也是杀金兵的将领，因为小时多病，才有这"弃绝疾病"含意的名字。由此可见，贬义字如果用得好，也可以用来取名。

另外，有些作为姓氏的字，本身含有贬义，象白(in vain)、仇(hatred)、刁(tricky)、杜(put an end of)、苟(drift along)、冷(cold)、厉(strict)、危(danger)、巫(witch)、胡(reckless)、屠(slaughter)、莫(don't)，或者与贬字同音的吴（无nil）、裴（赔compensate）、贾（假false）、佘（蛇snake）这些，取名时，都要特别用心。以下这些都是试图扭转或改变贬义姓的例子：

危自安	贾上弘	杜鹃春	佘大涵
冷艳芳	巫秋萱	苟礼新	胡桂祯
吴虚白	裴畅怡	莫迟	厉维
仇解元	屠蕙华	屠辛	刁禹

洋名汉化

一般上，华人的名字，最多只有两个字。而英文名字的音节，

有的一个，象 May, Anne

有的两个，象 Ada, Eva

有的三个，象 Adela, Jonathan

有的四个，象 Bartholomew, Elizabeth

所以在将英文名字汉化的时候，一个音节的要变作两个汉字；三个，四个，五个音节的，也只能取其中的两个音节变作两个汉字，象 Lolita 可以变作"乐丽"或者"莉达"。

有许多近似的英文名字象 Muriel, Myra, Myrrha, 和 Myrtle 都可以共用那几个汉名，在几个汉名中选择一个自己喜欢的。

THE ORIGIN OF CHINESE SURNAMES

Surnames Are Different from Clan-names

Before the three dynasties of Xia, Shang and Zhou (2140–256 BC), the people in China were already having surnames 姓 (xing) and clan-names 氏 (shi). The 'surname' originated from the name of the village in which one lived or the family to which one belonged, while the clan-name derived from the name of the territory or the title – which might be posthumous – granted by the emperor for some achievement made by a noble. Hence, only the nobles had surnames as well as clan-names.

In any solemn ceremony or important celebration, the Chinese have their clan name written on lanterns which are held high in a prominent place like the main entrance of the house. As a clan name indicates the ancestral home, it is also carved on a man's tombstone to indicate sentiments of his return to the source where he originated.

For example, 西河林怀民 (Xihe Lin Huaimin) means that 林怀民 (Lin Huaimin) was from the 西河 (Xihe) clan of 潮阳 (Chaoyang) county, 广东 (Guangdong) province, China, and that his generation name was 怀 (Huai). Similarly, 鹏翔郑天庭 (Pengxiang Zheng Tianting) means that 郑天庭 (Zheng Tianting) came from the 鹏翔 (Pengxiang) clan of 永春 (Yongchun) county, 福建 (Fujian) province, and his generation name was 天 (Tian).

A man and a woman of the same clan-name could marry each other, but they could not if they are of the same surname. This is because the Chinese had discovered long time ago that inter-marriages of close relatives would be detrimental to future generations.

Integration of the Surname and Clan-name

During the Qin dynasty (221–206 BC) and the Han dynasty (206 BC –

AD 220) the feudal system disintegrated with the weakening of the power of the nobles. As a result, people began to take on clan-names, and some even adopted clan-names as their surnames. Since then, the surnames and clan-names were used in the same sense

That went on for eight hundred years until the rule of Emperor Tang Tai Zong (唐太宗 AD 627). Gao Shi Lian (高士廉), a government official, made a survey and found that there were among the people a total of 393 different surnames. He then wrote and published a book called *Annals of Surnames*, which became a reference for selecting qualified personnel for the post of government officials and for arranging marriages.

Surnames of a Hundred Families

The book, *Surnames of a Hundred Families* which was popular in China during the olden days, was written more than one thousand years ago during the Northern Song dynasty (AD 960). It recorded a total of 438 surnames, of which 408 were single-word surnames and 30 were double-word surnames.

Another book, *Huang Di 1000 Surnames* (黄帝千家姓) written by Chen Rende (陈仁德), says that the Chinese had been having surnames since the reign of the Three Emperors and Five Kings (三皇五帝 2550 BC) and that there are now as many as 9177 surnames. There are yet others who say that the Chinese had surnames even long before the period of the Three Emperors and Five Kings, that is, during the time of matriarchal society where recognition was given only to one's mother and not one's father. Hence, the Chinese character for surname 姓' is made up of two individual characters: 女 (meaning 'woman') and 生 (meaning 'to give birth'). That is to say, the surnames of the early Chinese followed the maternal line.

Major Surnames

In the West, different major surnames have been identified in different countries. The three most common surnames in the United Kingdom are Smythe, Jones and Williams; in America, Smith, Johnson and Carson; in France, Martin, Bernard and Du Pont; in Germany, Schultz, Mueller and Schmidt; and in Russia, Ivanor, Vassiliev and Peternov. What about the Chinese surnames? According to the latest statistics from China, Chinese with the surname Zhang (张) alone number more than 100 million, making it probably the most populous surname in the world.

Another set of more recent and reliable statistics compiled in 1977 by a historian, Li Dong Ming (李栋明) and published in the Eastern magazine (东方杂志), reveals that the number of Chinese with the first 10 major surnames make up 40% of the Chinese population. The following are the 10 major Chinese surnames in terms of numbers:

Zhang (张), Wang (王), Li (李), Zhao (赵), Chen (陈), Yang (杨), Wu (吴), Liu (刘), Huang (黄), Zhou (周).

Below are the next 10 major surnames, and the Chinese with these surnames make up over 10% of the Chinese population.

Xu (徐), Zhu (朱), Lin (林), Sun (孙), Ma (马), Gao (高), Hu (胡), Zheng (郑), Guo (郭), Xiao (萧).

The number of Chinese in the third category of 10 major surnames make up just about 10% of the population. These 10 surnames are:

Xie (谢), He (何), Xu (许), Song (宋), Shen (沈), Luo (罗), Han (韩), Deng (邓), Liang (梁), Ye (叶).

The following 15 surnames form the fourth largest group of Chinese surnames:

Fang (方), Cui (崔), Cheng (程), Pan (潘), Cao (曹), Feng (冯), Wang (汪), Cai (蔡), Yuan (袁), Lu (卢), Tang (唐). Qian (钱), Du (杜), Peng (彭), Lu (陆).

A total of 70% of the Chinese population are of the above 45 most common surnames. The surnames of the remaining 30% of the Chinese population are comparatively rare. Some of these surnames are:

Zhai (翟), Gu (古), Gou (勾), Miao (苗), Gou (苟), Di (第), Liao (廖), Rui (芮), and Hai (海).

CHINESE SURNAMES IN HANYU PINYIN

Single-word Surnames

艾 Ài	程 Chéng	斐 Fěi	古 Gǔ	扈 Hù
安 Ān	池 Chí	费 Fèi	谷 Gǔ	花 Huā
敖 Áo	迟 Chí	封 Fēng	顾 Gù	华 Huà
白 Bái	仇 Chóu	丰 Fēng	官 Guān	黄 Huáng
班 Bān	储 Chǔ	风 Fēng	关 Guān	霍 Huò
包 Bāo	褚 Chǔ	鄷 Fēng	管 Guǎn	姬 Jī
宝 Bǎo	楚 Chǔ	冯 Féng	归 Guī	嵇 Jī
保 Bǎo	淳 Chún	凤 Fèng	桂 Guì	稽 Jī
鲍 Bào	崔 Cuī	伏 Fú	郭 Guō	吉 Jí
贝 Bèi	戴 Dài	福 Fú	过 Guō	纪 Jǐ
毕 Bì	刀 Dāo	符 Fú	哈 Hā	季 Jì
边 Biān	邓 Dèng	傅 Fù	海 Hǎi	计 Jì
卞 Biàn	狄 Dí	盖 Gài	韩 Hán	贾 Jiǎ
柏 Bó	刁 Diāo	干 Gān	杭 Háng	翦 Jiǎn
卜 Bǔ	丁 Dīng	苟 Gǒu	郝 Hǎo	简 Jiǎn
蔡 Cài	董 Dǒng	辜 Gū	何 Hé	姜 Jiāng
曹 Cáo	窦 Dòu	甘 Gān	禾 Hé	江 Jiāng
岑 Cén	杜 Dù	高 Gāo	和 Hé	蒋 Jiǎng
柴 Chái	端 Duān	戈 Gē	贺 Hè	焦 Jiāo
昌 Chāng	段 Duàn	蒍 Gě	赫 Hè	金 Jīn
常 Cháng	樊 Fán	耿 Gěng	衡 Héng	晋 Jìn
车 Chē	范 Fàn	龚 Gōng	洪 Hóng	靳 Jìn
陈 Chén	方 Fāng	宫 Gōng	侯 Hóu	荆 Jīng
成 Chéng	房 Fǎng	勾 Gōu	胡 Hú	居 Jū

具 Jù	刘 Liú	那 Nā	屈 Qū	宋 Sòng
康 Kāng	柳 Liǔ	能 Néng	瞿 Qú	苏 Sū
柯 Kē	隆 Lóng	倪 Ní	全 Quán	孙 Sūn
空 Kōng	龙 Lóng	粘 Nián	权 Quán	台 Tái
孔 Kǒng	楼 Lóu	年 Nián	舟 Rǎn	谈 Tán
匡 Kuāng	娄 Lóu	聂 Niè	饶 Ráo	谭 Tán
邝 Kuàng	卢 Lú	牛 Niú	任 Rén	汤 Tāng
况 Kuàng	鲁 Lǔ	钮 Niǔ	荣 Róng	唐 Táng
赖 Lài	陆 Lù	农 Nóng	容 Róng	陶 Táo
蓝 Lán	路 Lù	区 Ōu	阮 Ruǎn	滕 Téng
郎 Láng	吕 Lǚ	欧 Ōu	芮 Ruì	田 Tián
朗 Lǎng	伦 Lún	潘 Pān	瑞 Ruì	仝 Tóng
劳 Láo	罗 Luó	庞 Páng	萨 Sà	童 Tóng
乐 Lè	骆 Luò	裴 Péi	赛 Sài	同 Tóng
雷 Léi	洛 Luò	彭 Péng	沙 Shā	佟 Tóng
冷 Lěng	麻 Má	皮 Pí	单 Shàn	涂 Tú
黎 Lí	马 Mǎ	朴 Piáo	商 Shāng	屠 Tú
理 Lǐ	麦 Mài	平 Píng	邵 Shào	万 Wàn
李 Lǐ	满 Mǎn	蒲 Pú	佘 Shé	汪 Wāng
利 Lì	毛 Máo	溥 Pǔ	申 Shēn	王 Wáng
厉 Lì	茅 Máo	浦 Pǔ	神 Shén	危 Wēi
励 Lì	梅 Méi	戚 Qī	沈 Shěn	韦 Wéi
廉 Lián	孟 Mèng	齐 Qí	盛 Shèng	卫 Wèi
连 Lián	米 Mǐ	祁 Qí	施 Shī	蔚 Wèi
练 Liàn	苗 Miáo	钱 Qián	石 Shí	魏 Wèi
梁 Liáng	缪 Miào	强 Qiáng	时 Shí	温 Wēn
良 Liáng	闵 Mǐn	乔 Qiáo	史 Shǐ	文 Wén
廖 Liào	明 Míng	秦 Qín	寿 Shòu	闻 Wén
林 Lín	莫 Mò	丘 Qiū	舒 Shū	翁 Wēng
蔺 Lìn	牟 Móu	邱 Qiū	水 Shuǐ	巫 Wū
凌 Líng	穆 Mù	裘 Qiú	斯 Sī	邬 Wū

吴 Wú	熊 Xióng	叶 Yè	禹 Yǔ	招 Zhāo
武 Wǔ	徐 Xú	蚁 Yǐ	郁 Yù	赵 Zhào
伍 Wǔ	许 Xǔ	易 Yì	尉 Yù	甄 Zhēn
奚 Xī	宣 Xuān	殷 Yīn	喻 Yù	郑 Zhèng
席 Xí	薛 Xuē	银 Yín	元 Yuán	钟 Zhōng
习 Xí	荀 Xún	尹 Yǐn	袁 Yuán	周 Zhōu
夏 Xià	严 Yán	应 Yīng	岳 Yuè	朱 Zhū
鲜 Xiān	言 Yán	英 Yīng	云 Yún	诸 Zhū
冼 Xiǎn	阎 Yán	游 Yóu	藏 Zāng	竺 Zhú
项 Xiàng	颜 Yán	尤 Yóu	曾 Zēng	祝 Zhù
向 Xiàng	晏 Yàn	於 Yū	查 Zhā	庄 Zhuāng
萧 Xiāo	彦 Yàn	于 Yú	翟 Zhái	卓 Zhuō
谢 Xiè	燕 Yàn	余 Yú	詹 Zhān	宗 Zōng
解 Xiè	杨 Yáng	俞 Yú	湛 Zhàn	邹 Zōu
辛 Xīn	阳 Yáng	鱼 Yú	章 Zhāng	祖 Zǔ
幸 Xìng	姚 Yáo	虞 Yú	张 Zhāng	左 Zuǒ
邢 Xíng				

Double-word Surnames

东郭 Dōngguō		司徒 Sītú	
公孙 Gōngsūn		澹台 Tántái	
皇甫 Huángfǔ		西门 Xīmén	
慕容 Mùróng		夏侯 Xiàhóu	
欧阳 Ōuyáng		轩辕 Xuānyuán	
单于 Shànyú		尉迟 Yùchí	
上官 Shàngguān		乐正 Yuèzhèng	
司空 Sīkōng		诸葛 Zhūgě	
司马 Sīmǎ		左丘 Zuǒqiū	

CHINESE NAMES IN HANYU PINYIN

阿 **Ā** usually used with the second word of a name in familiar affection and informal address

Ex: ～佳 ～玉 ～明 ～真 ～祥 ～霖 ～龙
Jiā　Yù　Míng　Zhēn　Xiáng　Lín　Lóng

蔼 F **Ǎi** friendly; amiable

Ex: ～仁 ～容 ～幼 ～友 ～颖 ～逸 ～燕
Rén　Róng　Yòu　Yǒu　Yǐng　Yì　Yàn

爱 F **Ài** 1. love; affection 2. like; be fond of 3. cherish; treasure 4. be apt to

Ex: ～全 ～德 ～乐 ～莲 ～美 ～琳 ～萍
Quán　Dé　Lè　Lián　Měi　Lín　Píng

安 M **Ān** 1. peaceful; quiet 2. calm; set at ease 3. rest content; be satisfied 4. safe; secure

Ex: ～文 ～隆 ～福 ～豪 ～斌 ～发 ～立
Wén　Lóng　Fú　Háo　Bīn　Fā　Lì

昂 M **Áng** 1. hold high 2. high-spirited

Ex: ～节 ～伟 ～轩 ～达 ～泰 ～才 ～然
Jié　Wěi　Xuān　Dá　Tài　Cái　Rán

子～ 之～ 仲～ 运～ 松～ 笑～ 耀～
Zǐ　Zhī　Zhòng　Yùn　Sōng　Xiào　Yào

 **B**

白 **Bái**	1. white; 2. pure; plain 3. clear

Ex: ～薇　～璧　～兰　～玫　虚～　大～　孔～
　　　Wéi　　Bì　　Lán　　Méi　　Xū　　Dà　　Kǒng

百 **Bǎi**	1. hundred 2. all kinds of

Ex: ～成　～隆　～立　～旺　～励　～恕　～均
　　　Chéng　Lóng　Lì　Wàng　Lì　Shù　Jūn

柏 M **Bǎi**	cypress

Ex: ～松　～青　～如　～山　伟～　梦～　南～
　　　Sōng　Qīng　Rú　Shān　Wěi　Mèng　Nán

班 M **Bān**	class; team

Ex: ～世　～楠　～泽　～榆　～钧　～逊　～新
　　　Shì　Nán　Zé　Yú　Jūn　Xùn　Xīn

邦 M **Bāng**	nation; state

Ex: 兴～　耀～　维～　安～　继～　～定　～正
　　　Xīng　Yào　Wéi　Ān　Jì　Dìng　Zhèng

包 **Bāo**	1. wrap 2. bundle; package 3. assure; guarantee

Ex: ～贤　～学　～华　～渊　～仲　～应　～如
　　　Xián　Xué　Huá　Yuān　Zhòng　Yìng　Rú

苞 F **Bāo**	bud

Ex: 幼～　丽～　其～　尚～　～蕾　～蕊　～丹
　　　Yòu　Lì　Qí　Shàng　Lěi　Ruì　Dān

褒	**Bāo**	praise; honour						
	Ex:	～吉	～嘉	～英	～淳	～康	宗～	金～
		Jí	Jiā	Yīng	Chún	Kāng	Zōng	Jīn

宝	**Bǎo**	1. treasure 2. precious						
	Ex:	～树	～玉	～钗	～德	天～	荣～	汉～
		Shù	Yù	Chāi	Dé	Tiān	Róng	Hàn

保	**Bǎo**	1. protect; defend 2. keep; maintain 3. guarantee; ensure						
	Ex:	～国	～达	～成	～通	～梅	～浩	～元
		Guó	Dá	Chéng	Tōng	Méi	Hào	Yuán

葆	**Bǎo**	1. luxuriant growth 2. preserve; nurture						
	Ex:	～芳	～德	～良	～景	～羽	～骏	～金
		Fāng	Dé	Liáng	Jǐng	Yǔ	Jùn	Jīn

报 M	**Bào**	1. report; announce 2. reply; respond 3. recompense; requite						
	Ex:	～国	～根	～祖	～智	～学	～捷	～仁
		Guó	Gēn	Zǔ	Zhì	Xué	Jié	Rén

北	**Běi**	north						
	Ex:	冠～	照～	昭～	～祺	～斗	～光	～生
		Guān	Zhào	Zhāo	Qí	Dǒu	Guāng	Shēng

贝	**Bèi**	shellfish						
	Ex:	～玉	～丽	珠～	苡～	端～	连～	兴～
		Yù	Lì	Zhū	Yǐ	Duān	Lián	Xīng

备	**Bèi**	1. be equipped 2. prepare; get ready 3. fully						
	Ex:	祖～	谷～	～根	～清	～元	～壮	～十
		Zhǔ	Gǔ	Gēn	Qīng	Yuán	Zhuàng	Shí

24

倍 **Bèi**　1. times 2. double

Ex: 　～成　～颖　～穗　～坚　～立　～正　～青
　　　Chéng　Yǐng　Suì　Jiān　Lì　Zhèng　Qīng

本 M **Běn**　1. the root of a plant 2. foundation; basis
　　　3. capital; principal 4. original

Ex: 　～立　～瑞　～祚　～彦　～仁　～端　～渊
　　　Lì　Ruì　Zuò　Yàn　Rén　Duān　Yuān

比 **Bǐ**　1. compare; contrast 2. compete; match 3. close
　　　together

Ex: 　～玉　～超　～道　～仁　～直　～诚　～知
　　　Yù　Chāo　Dào　Rén　Zhí　Chéng　Zhī

必 **Bì**　1. certainly; surely 2. must

Ex: 　～珍　～晖　～威　～翰　～纯　～顺　～希
　　　Zhēn　Huī　Wēi　Hàn　Chún　Shùn　Xī

碧 F **Bì**　green jade

Ex: 　～莉　～玉　～丽　～如　～珍　～波　怀～
　　　Lì　Yù　Lì　Rú　Zhēn　Bō　Huái

璧 **Bì**　a round, flat piece of jade

Ex: 　白～　家～　佳～　如～　开～　～华　～君
　　　Bái　Jiā　Jiā　Rú　Kāi　Huá　Jūn

辨 **Biàn**　differentiate; distinguish; discriminate

Ex: 　明～　悦～　～初　～华　～才　～智　～辉
　　　Míng　Yuè　Chū　Huá　Cái　Zhì　Huī

标 M **Biāo**　1. mark; sign 2. prize; award

Ex: 　文～　得～　锦～　祖～　振～　先～　尚～
　　　Wén　Dé　Jǐn　Zǔ　Zhèn　Xiān　Shàng

彪 _M **Biāo**   young tiger

Ex: 洪～   伟～   文～   汉～   正～   宇～   ～国
   Hóng   Wěi   Wén   Hàn   Zhèng   Yǔ   Guó

镖 _M **Biāo**   a dartlike weapon

Ex: 刚～   宏～   达～   兴～   明～   庄～   克～
   Gāng   Hóng   Dá   Xīng   Míng   Zhuāng   Kè

表 **Biǎo**   1. show; express   2. model; example

Ex: ～德   ～信   ～义   ～华   ～举   ～川   ～善
   Dé   Xìn   Yì   Huá   Jǔ   Chuān   Shàn

宾 **Bīn**   guest

Ex: ～石   ～懋   ～世   ～庆   ～仲   ～圣   国～
   Shí   Mào   Shì   Qìng   Zhòng   Shèng   Guó

彬 **Bīn**   refined and courteous

Ex: ～恒   ～如   ～章   ～容   为～   质～   乃～
   Héng   Rú   Zhāng   Róng   Wéi   Zhì   Nǎi

     惠～   悦～   振～   庆～   之～   文～   幸～
     Huì   Yuè   Zhèn   Qìng   Zhī   Wén   Xìng

冰 _F **Bīng**   ice

Ex: ～洁   ～慧   ～心   ～清   ～茜   ～黛   ～英
   Jié   Huì   Xīn   Qīng   Xī   Dài   Yīng

兵 _M **Bīng**   soldier

Ex: 小～   铁～   爱～   国～   汉～   炎～   民～
   Xiǎo   Tiě   Ài   Guó   Hàn   Yán   Mín

秉 _M **Bǐng**   1. grasp; hold   2. control

Ex: ～炎   ～宗   ～先   ～公   ～明   ～彦   ～和
   Yán   Zōng   Xiān   Gōng   Míng   Yàn   Hé

炳 M **Bǐng**	bright; splendid; remarkable						
Ex:	～文	～思	～惠	～德	～流	～坡	～柱
	Wén	Sī	Huì	Dé	Liú	Pō	Zhù

波 **Bō**	wave						
Ex:	秀～	清～	洪～	柳～	静～	净～	～涛
	Xiù	Qīng	Hóng	Liǔ	Jìng	Jìng	Táo

伯 M **Bó**	the eldest of brothers						
Ex:	元～	尧～	～齐	～夷	～华	～弘	～淳
	Yuán	Yáo	Qí	Yí	Huá	Hóng	Chún

勃 M **Bó**	thriving; vigorous; exuberant; full of enthusiasm						
Ex:	～昌	～灿	～斐	～洋	～强	～盛	～升
	Chāng	Càn	Fěi	Yáng	Qiáng	Shèng	Shēng

博 M **Bó**	rich; plentiful						
Ex:	～渊	～达	～烨	～霖	～泽	～典	俊～
	Yuān	Dá	Yè	Lín	Zé	Diǎn	Jùn

步 **Bù**	1. step; pace 2. walk; go on foot						
Ex:	～慎	～前	～勤	～青	～庄	～泰	～绥
	Shèn	Qián	Qín	Qīng	Zhuāng	Tài	Suí
	守～	弘～	浩～	珍～	长～	欣～	
	Shǒu	Hóng	Hào	Zhēn	Cháng	Xīn	

C

才 **Cái** 1. ability; talent 2. capable person
Ex: 文~ 建~ 多~ 德~ 华~ 升~ 贤~
Wén Jiàn Duō Dé Huá Shēng Xián

材 **Cái** 1. timber; material 2. ability; talent
Ex: 国~ 拯~ 瑞~ 希~ 庆~ 大~ 栋~
Guó Zhěng Ruì Xī Qìng Dà Dòng

采 **Cǎi** 1. pick; pluck; gather 2. complexion; spirit
Ex: 扬~ 华~ 绮~ 仪~ 艺~ ~本 ~发
Yáng Huá Qǐ Yí Yì Běn Fā

彩 F **Cǎi** 1. colour 2. cheer 3. variety; splendid 4. prize
Ex: ~云 ~虹 ~薇 ~凤 光~ 喜~ 华~
Yún Hóng Wēi Fèng Guāng Xǐ Huá

灿 **Càn** magnificent; splendid; bright
Ex: 国~ 伟~ 显~ 耀~ 希~ 辉~ ~华
Guó Wěi Xiǎn Yào Xī Huī Huá

粲 **Càn** bright; beaming; smile
Ex: 美~ 舒~ ~颜 ~姿 ~珠 ~妍 ~容
Měi Shū Yán Zī Zhū Yàn Róng

璨 **Càn** bright; resplendent; dazzling
Ex: 玉~ 真~ 昆~ ~琨 ~杰 ~德 ~辉
Yù Zhēn Kūn Kūn Jié Dé Huī

沧 _M **Cāng** (of the sea) dark blue

Ex:

之~	太~	澄~	洪~	~粟	~君	~宾
Zhī	Tài	Chéng	Hóng	Sù	Jūn	Bīn

苍 _M **Cāng** dark green pines

Ex:

~逸	~宇	~浒	~霈	~望	宏~	弘~
Yì	Yǔ	Hǔ	Pèi	Wàng	Hóng	Hóng

操 _M **Cāo** 1. grasp; hold 2. conduct; behaviour

Ex:

德~	振~	智~	立~	~政	~运	~勇
Dé	Zhèn	Zhì	Lì	Zhèng	Yùn	Yǒng

策 _M **Cè** plan; scheme

Ex:

国~	肃~	民~	~高	~扬	~宣	~群
Guó	Sù	Mín	Gāo	Yáng	Xuān	Qún

婵 _F **Chán** 1. lovely (used in ancient writings to describe women) 2. the moon

Ex:

爱~	美~	雅~	~望	~耀	~逸	~媛
Ài	Měi	Yǎ	Wàng	Yào	Yì	Yuán

昌 _M **Chāng** prosperous; flourishing

Ex:

丰~	运~	~家	~盛	~若	~顺	~圣
Fēng	Yùn	Jiā	Shèng	Ruò	Shùn	Shèng

长 **Cháng** 1. long 2. strong point

Ex:

~治	~惠	~彦	~荣	~源	允~	元~
Zhì	Huì	Yàn	Róng	Yuán	Yǔn	Yuán

常 **Cháng** 1. constant 2. frequently

Ex:

~青	~惠	~通	~润	~霖	~敬	~逸
Qīng	Huì	Tōng	Rùn	Lín	Jìng	Yì

嫦 F **Cháng** the goddess of the moon

Ex: 玉～ 华～ 皓～ 恒～ 纯～ 如～ 翠～
Yù Huá Hào Héng Chún Rú Cuì

昶 M **Chǎng** long day

Ex: 永～ 平～ 明～ 吉～ 焕～ 坦～ 颐～
Yǒng Píng Míng Jí Huàn Tǎn Yí

畅 **Chàng** 1. smooth; fluent 2. free

Ex: ～源 ～美 ～达 ～遂 务～ 承～ 慕～
Yuán Měi Dá Suí Wù Chéng Mù

超 M **Chāo** 1. exceed; surpass 2. ultra; super

Ex: 德～ 智～ 文～ 蔚～ 立～ 达～ 光～
Dé Zhì Wén Wèi Lì Dá Guāng

志～ ～远 ～纯 ～峰 ～锦 ～群 ～玄
Zhì Yuǎn Chún Fēng Jǐn Qún Xuán

朝 **Cháo** facing; towards

Ex: 肃～ 云～ 贯～ ～瞻 ～仁 ～懋 ～良
Sù Yún Guàn Zhān Rén Mào Liáng

潮 **Cháo** tide

Ex: 泓～ 元～ 哲～ 绪～ 欣～ 熙～ 颂～
Hóng Yuán Zhé Xù Xīn Xī Sòng

琛 **Chēn** treasure

Ex: 汉～ 瑞～ 佩～ 明～ 义～ ～成 ～玮
Hàn Ruì Pèi Míng Yì Chéng Wěi

辰 **Chén** celestial bodies; star

Ex: 维～ 美～ 良～ 悦～ 景～ ～晖 ～遂
Wéi Měi Liáng Yuè Jǐng Huī Suí

30

晨 **Chén**　morning

Ex:　亮～　旺～　绮～　锦～　～辉　～晖　～星
　　　Liàng　Wàng　Qǐ　Jǐn　　Huī　Huī　Xīng

成 **Chéng**　1. accomplish; succeed 2. achievement; result
　　　3. fully developed 4. able; capable

Ex:　～德　～则　～远　～功　～真　亚～　达～
　　　Dé　　Zé　　Yuǎn　Gōng　Zhēn　Yà　　Dá

诚 **Chéng**　sincere; honest

Ex:　～恕　～谦　～禧　立～　淳～　以～　铭～
　　　Shù　Qiān　Xǐ　　Lì　　Chún　Yǐ　　Mín

承 M **Chéng**　continue

Ex:　～渊　～先　～祚　～明　～彦　～德　～志
　　　Yuān　Xiān　Zuò　Míng　Yàn　Dé　　Zhì

程 M **Chéng**　1. rule; order 2. journey

Ex:　伟～　观～　～广　～望　～坦　～庄　～康
　　　Wěi　Guān　Guǎng　Wàng　Tǎn　Zhuāng　Kāng

骋 M **Chěng**　gallop; dash

Ex:　～愿　～怀　～涵　进～　壮～　游～　乐～
　　　Yuàn　Huái　Hán　Jìn　　Zhuàng　Yóu　Lè

驰 M **Chí**　1. gallop 2. speed

Ex:　～程　～原　～展　～意　～艺　朗～　光～
　　　Chéng　Yuán　Zhǎn　Yì　　Yì　　Lǎng　Guāng

持 M **Chí**　1. hold; grasp 2. support; maintain 3. prudent;
　　　cautious; discreet

Ex:　～重　～恒　～成　～尚　～勤　～伦　～诚
　　　Zhòng　Héng　Chéng　Shàng　Qín　Lún　Chéng

冲 Chōng	1. rush; dash 2. important place						
Ex:	～登	～腾	～云	～霄	～锦	宇～	玉～
	Dēng	Téng	Yún	Xiāo	Jǐn	Yǔ	Yù

充 M Chōng	1. sufficient; full 2. substantial						
Ex:	～实	～栋	璧～	裕～	兴～	益～	陶～
	Shí	Dòng	Bì	Yù	Xīng	Yì	Táo

崇 Chóng	high; lofty; sublime						
Ex:	～山	～茂	～裕	～禧	～度	～莲	～衡
	Shān	Mào	Yù	Xǐ	Dù	Lián	Héng

初 Chū	at the beginning						
Ex:	～凤	～人	～原	～庄	～升	～梅	～夏
	Fèng	Rén	Yuán	Zhuāng	Shēng	Méi	Xià
	之～	立～	和～	丰～	恕～	明～	煦～
	Zhī	Lì	Hé	Fēng	Shù	Míng	Xù

础 M Chǔ	the stone base of a column						
Ex:	固～	华～	～石	～实	～台	～立	～成
	Gù	Huá	Shí	Shí	Tái	Lì	Chéng

楚 Chǔ	clear; tidy; neat						
Ex:	～君	～人	～媛	～芳	～良	～菊	～倩
	Jūn	Rén	Yuán	Fāng	Liáng	Jú	Qiàn

川 Chuān	river						
Ex:	大～	乾～	合～	锦～	玉～	百～	～壑
	Dà	Qián	Hé	Jǐn	Yù	Bǎi	Hè

传 M Chuán	pass; pass on; hand down						
Ex:	～烈	～薪	～璧	～福	岳～	慕～	荣～
	Liè	Xīn	Bì	Fú	Yuè	Mù	Róng

创 M **Chuàng** create; start; achieve

Ex: ~基 ~先 ~业 ~英 ~安 开~ 启~
Jī　 Xiān　 Yè　 Yīng　 Ān　 Kāi　 Qǐ

春 **Chūn** 1. spring　2. love　3. life

Ex: ~权 ~花 ~雨 ~桃 ~华 茂~ 遇~
Quán　 Huā　 Yǔ　 Táo　 Huá　 Mào　 Yù

纯 **Chún** 1. pure; simple　2. skilful

Ex: ~然 ~明 ~纯 ~正 超~ 慈~ 青~
Rán　 Míng　 Chún　 Zhèng　 Chāo　 Cí　 Qīng

淳 **Chún** pure; honest

Ex: 厚~ 明~ 季~ 少~ ~静 ~骞 ~甫
Hòu　 Míng　 Jì　 Shào　 Jìng　 Qiān　 Fǔ

绰 **Chuò** ample; spacious

Ex: ~君 ~生 ~卿 ~冠 ~姿 介~ 宝~
Jūn　 Shēng　 Qīng　 Guān　 Zī　 Jiè　 Bǎo

慈 F **Cí** kind; loving; tender-hearted

Ex: 孝~ 巧~ 欣~ 念~ 素~ 美~ 容~
Xiào　 Qiǎo　 Xīn　 Niàn　 Sù　 Měi　 Róng

澍~ 秋~ ~和 ~禧 ~贤 ~华 ~旭
Shù　 Qiū　 Hé　 Xǐ　 Xián　 Huá　 Xù

聪 **Cōng** bright; intelligent

Ex: 斯~ 敏~ 永~ 玉~ ~盛 ~慧 ~美
Sī　 Mǐn　 Yǒng　 Yù　 Shèng　 Huì　 Měi

从 **Cóng** 1. follow; follower　2. join

Ex: ~善 ~兰 ~俊 ~健 ~光 ~康 ~庄
Shàn　 Lán　 Jùn　 Jiàn　 Guāng　 Kāng　 Zhuāng

琮 **Cóng** a long, hollow piece of jade

Ex: 金～ 元～ 玉～ 光～ ～环 ～琪 ～翰

Jīn Yuán Yù Guāng Huán Qí Hàn

璀 F **Cuǐ** bright; resplendent

Ex: 玉～ 瑶～ 新～ 美～ ～琼 ～瓔 ～芳

Yù Yáo Xīn Měi Qióng Yīng Fāng

粹 **Cuì** pure; the best

Ex: 兆～ 肇～ 美～ 国～ 元～ ～英 ～芳

Zhào Zhào Měi Guó Yuán Yīng Fāng

翠 F **Cuì** emerald green

Ex: ～玉 ～菡 ～茵 ～荷 ～凤 ～钿 ～翠

Yù Hàn Yīn Hé Fèng Diàn Cuì

兰～ 芳～ 品～ 怡～ 苗～ 禾～ 良～

Lán Fāng Pǐn Yí Miáo Hé Liáng

达 _M **Dá**	1. extend; reach 2. understand thoroughly 3. eminent; distinguished
Ex:	亨~ 显~ 全~ 贤~ ~祚 ~良 ~龙 Hēng Xiǎn Quán Xián Zuò Liáng Lóng

大 **Dà**	1. big; large; heavy 2. greatly; fully 3. eldest
Ex:	~齐 ~龙 ~平 ~中 ~飞 ~涵 学~ Qí Lóng Píng Zhōng Fēi Hán Xué

岱 **Dài**	another name for Taishan, a famous mountain in China
Ex:	亨~ 玉~ 朗~ 磐~ 宝~ ~王 ~明 Hēng Yù Lǎng Pán Bǎo Wáng Míng

玳 **Dài**	hawkskill turtle
Ex:	~茜 ~熙 ~尧 ~琚 ~心 飞~ 珮~ Xī Xī Yáo Jū Xīn Fēi Pèi

黛 _F **Dài**	a black pigment
Ex:	~玉 ~婷 ~娜 ~燕 眉~ 华~ 美~ Yù Tíng Nuó Yàn Méi Huá Měi

丹 **Dān**	red
Ex:	~心 ~颜 ~亮 ~章 恬~ 景~ 言~ Xīn Yán Liàng Zhāng Tián Jǐng Yán

旦 **Dàn**	dawn; daybreak
Ex:	~祐 ~雅 ~希 ~韬 ~辰 ~明 ~帆 Yòu Yǎ Xī Tāo Chén Míng Fán

淡	**Dàn**	thin; light

Ex:

～莹	～如	～蓉	～志	～思	～名	～辉
Yíng	Rú	Róng	Zhì	Sī	Míng	Huī

导	**Dǎo**	lead; guide

Ex:

慎～	益～	远～	兴～	元～	～良	～宁
Shèn	Yì	Yuǎn	Xīng	Yuán	Liáng	Níng

道	**Dào**	1. road; way; method 2. principle; truth

Ex:

～真	～冲	～元	～文	～林	博～	明～
Zhēn	Chōng	Yuán	Wén	Lín	Bó	Míng

德	**Dé**	1. virtue; morals 2. heart; mind 3. kindness

Ex:

～祖	～润	～谋	～操	～琏	～渊	～绪
Zǔ	Rùn	Móu	Cāo	Lián	Yuān	Xù

灯	**Dēng**	lamp; light

Ex:

明～	香～	莲～	春～	金～	～甫	～志
Míng	Xiāng	Lián	Chūn	Jīn	Fǔ	Zhì

登	**Dēng**	1. ascend; mount; scale (a height) 2. publish; record; enter 3. step on

Ex:

以～	丰～	高～	～坦	～品	～贤	～扬
Yǐ	Fēng	Gāo	Tǎn	Pǐn	Xián	Yáng

迪	**Dí**	enlighten; guide

Ex:

鸿～	昭～	能～	～珂	～晖	～圭	～宾
Hóng	Zhāo	Néng	Kē	Huī	Guī	Bīn

笛	**Dí**	bamboo flute

Ex:

玉～	小～	飞～	怡～	怀～	念～	妙～
Yù	Xiǎo	Fēi	Yí	Huái	Niàn	Miào

36

弟 **Dì** younger brother

Ex: 宜～ 绥～ 佳～ 君～ 端～ 宁～ 显～
Yí Suí Jiā Jūn Duān Níng Xiǎn

棣 **Dì** younger brother

Ex: 棠～ 箕～ 怡～ 宁～ 庆～ ～花 ～兴
Táng Jī Yí Níng Qìng Huā Xīng

蒂 F **Dì** the base of a fruit

Ex: 茂～ 吉～ 兰～ 蕙～ 华～ ～君 ～英
Mào Jí Lán Huì Huá Jūn Yīng

典 **Diǎn** 1. standard; law 2. ceremony 3. model; type

Ex: 文～ 儒～ 念～ 芳～ 锦～ 隆～ ～炽
Wén Rǔ Niàn Fāng Jǐn Lóng Chì

蝶 **Dié** butterfly

Ex: 梦～ 化～ 飞～ ～媛 ～翩 ～姿 ～婷
Mèng Huà Fēi Yuán Piān Zī Tíng

丁 M **Dīng** 1. man 2. able-bodied

Ex: 沃～ 雄～ 道～ ～英 ～裕 ～茂 ～绥
Wò Xióng Dào Yīng Yù Mào Suí

定 **Dìng** 1. calm; stable 2. fix; decide 3. surely; definitely

Ex: ～一 ～孝 ～裘 武～ 光～ 继～ 汝～
Yī Xiào Qiú Wǔ Guāng Jì Rǔ

克～ 思～ 顺～ 元～ ～中 ～邦 ～国
Kè Sī Shùn Yuán Zhōng Bāng Guó

东 M **Dōng** 1. east 2. host 3. master

Ex: 泽～ 振～ 华～ ～风 ～登 ～山 ～发
Zé Zhèn Huá Fēng Dēng Shān Fā

董	**Dǒng**	direct; supervise						
	Ex:	~谦	~雅	~义	~仪	~彦	~砚	家~
		Qiān	Yǎ	Yì	Yí	Yàn	Yàn	Jiā

洞	**Dòng**	1. hole; cavity 2. thoroughly; penetratingly						
	Ex:	之~	淳~	玉~	~然	~卿	~钦	~宾
		Zhī	Chún	Yù	Rán	Qīng	Qīn	Bīn

栋 M	**Dòng**	pillar						
	Ex:	国~	家~	柱~	砥~	田~	福~	刚~
		Guó	Jiā	Zhù	Dǐ	Tián	Fú	Gāng
		可~	之~	~汉	~民	~梁	~康	~天
		Kě	Zhi	Hàn	Mín	Liáng	Kāng	Tiān

独	**Dú**	only; single						
	Ex:	~树	~玉	~石	~松	~帜	~能	~恒
		Shù	Yù	Shí	Sōng	Zhì	Néng	Héng

笃 M	**Dǔ**	sincere; earnest						
	Ex:	~悦	~诚	~实	~达	明~	启~	喜~
		Yuè	Chéng	Shí	Dá	Míng	Qǐ	Xǐ

杜 M	**Dù**	stop; prevent						
	Ex:	~克	~畏	~疾	~骞	~羔	迟~	少~
		Kè	Wèi	Jí	Qiān	Yàng	Chí	Shào

度	**Dù**	1. limit; degree 2. tolerance; magnanimity						
	Ex:	守~	明~	容~	有~	世~	~夷	~余
		Shǒu	Míng	Róng	Yǒu	Shì	Yí	Yú

端	**Duān**	1. beginning 2. end; point 3. upright; proper						
	Ex:	~璋	~木	~贤	~民	~辉	颂~	发~
		Zhāng	Mù	Xián	Mín	Huī	Sòng	Fā

敦 ~M~ **Dūn**   honest; sincere

Ex: ~谦   ~和   ~纲   ~杰 尚~   崇~   敬~
       Qiān Hé   Gāng Jié Shàng Chóng Jìng

多 **Duō**   much; more; many

Ex: ~伦   ~义   ~才   ~德 葆~   善~   强~
       Lún   Yì   Cái   Dé Bǎo   Shàn Qiáng

In China, official seals have been used for impressing personal names, ranks and titles of office since the 5th century B.C. Today seals are being used by Chinese individuals as a signature or a mark of possession on books, paintings, calligraphies and documents. Artists may even have several ornamental seals made for themselves.

Seal carving is an art and to many it has become a refined hobby. Here are shown the tools and materials: (a) ink bowl (b) red ink paste for making the imprint (c) wooden frame for holding the seal during carving (d) gravers and burins and (e) ivory ornamental seal with a knob in the form of a man.

39

E

娥 E´ pretty young woman

Ex:

月～	玉～	琼～	嫱～	美～	彩～	翠～
Yuè	Yù	Qióng	Qiáng	Měi	Cǎi	Cuì

庆～	黛～	春～	～媛	～环	～华	～曼
Qìng	Dài	Chūn	Yuán	Huán	Huá	Màn

恩 Ēn kindness; favour; grace

Ex:

守～	国～	滋～	梓～	天～	康～	侃～
Shǒu	Guó	Zī	Zǐ	Tiān	Kāng	Kǎn

～源	～庆	～来	～友	～福	～泽
Yuán	Qìng	Lái	Yǒu	Fú	Zé

儿 Ér 1. child 2. male; son

Ex:

家～	佳～	贵～	端～	庆～	鲲～	鹏～
Jiā	Jiā	Guì	Duān	Qìng	Kūn	Péng

伟～	成～	瑞～	敏～	宛～	旺～	菊～
Wěi	Chéng	Ruì	Mǐn	Wǎn	Wàng	Jú

珥 Ěr earring made of jade or pearl

Ex:

聪～	榕～	锦～	殷～	宗～	慈～	普～
Cōng	Róng	Jǐn	Yīn	Zōng	Cí	Pǔ

田～	福～	～常	君～	～均	～大	～华
Tián	Fú	Cháng	Jūn	Jūn	Fù	Huá

F

发 _M **Fā**   1. emit 2. rise; expand 3. start; set out; begin
4. develop; grow; carry forward; sprout

Ex: 东~   金~   有~   友~   维~   ~祥   ~耀
Dōng   Jīn   Yǒu   Yǒu   Wéi   Xiáng   Yào

法 _M **Fǎ**   1. law 2. method; way 3. standard; model

Ex: ~初   ~智   ~通   ~宣   源~   秀~   威~
Chū   Zhì   Tōng   Xuān   Yuán   Xiù   Wēi

帆 _M **Fān**   sail

Ex: 一~   捷~   初~   远~   玄~   ~顺   ~畅
Yī   Jié   Chū   Yuǎn   Xuán   Shùn   Chàng

凡 **Fán**   ordinary

Ex: 超~   卓~   平~   处~   远~   ~宝   ~珍
Chāo   Zhuó   Píng   Chǔ   Yuǎn   Bǎo   Zhēn

繁 **Fán**   in great numbers; numerous

Ex: ~哉   ~仲   ~扬   异~   炳~   华~   则~
Zāi   Zhòng Yáng   Yì   Bǐng   Huá   Zé

范 **Fàn**   pattern; model; example

Ex: 宗~   齐~   静~   宽~   趣~   ~君   ~英
Zōng   Qí   Jìng   Kuān   Qù   Jūn   Yīng

梵 **Fàn**   Buddhist

Ex: ~渊   ~世   ~昭   ~衍   永~   长~   久~
Yuān   Shì   Zhāo   Yǎn   Yǒng   Cháng Jiǔ

方 **Fāng** 1. square 2. upright; honest

Ex: 元~ 显~ 雍~ 顾~ 徽~ ~俨 ~刚

　　Yuán Xiǎn Yōng Gù Huī Yán Gāng

芳 **Fāng** 1. sweet-smelling; fragrant 2. good (name or reputation); virtuous

Ex: 俊~ 孝~ 春~ 正~ 元~ 逸~ ~惠

　　Jùn Xiào Chūn Zhèng Yuán Yì Huì

飞 **Fēi** 1. fly 2. swiftly

Ex: 大~ 鹏~ 陶~ 奋~ 季~ ~倩 ~颂

　　Dà Péng Táo Fèn Jì Qiàn Sòng

菲 **Fēi** 1. luxuriant 2. rich with fragrance

Ex: 叙~ 宪~ 玄~ ~茂 ~通 ~德 ~冲

　　Xù Xiàn Xuán Mào Tōng Dé Chōng

斐 **Fěi** striking; brilliant

Ex: ~然 ~思 ~宣 绪~ 综~ 炳~ 秉~

　　Rán Sī Xuān Xù Zōng Bǐng Bǐng

翡 F **Fěi** jadeite

Ex: ~钏 ~钗 ~环 ~璎 芳~ 彩~ 黛~

　　Chuàn Chāi Huán Yīng Fāng Cǎi Dài

芬 F **Fēn** sweet smell; fragrance

Ex: 毓~ 玉~ 永~ 景~ 静~ ~芝 ~英

　　Yù Yù Yǒng Jǐng Jìng Zhī Yīng

奋 M **Fèn** 1. exert oneself 2. raise; lift

Ex: 学~ 展~ ~华 ~康 ~发 ~扬 ~飞

　　Xué Zhǎn Huá Kāng Fā Yáng Fēi

丰	**Fēng**	1. abundant; plentiful 2. great 3. fine-looking; handsome						
	Ex:	~昌	~舜	~顺	~荪	可~	智~	惠~
		Chāng	Shùn	Shùn	Sūn	Kě	Zhì	Huì

凤	**Fēng**	1. wind 2. scene; view 3. graceful bearing; elegant demeanour						
	Ex:	迈~	雄~	松~	良~	~徐	~梅	~适
		Mài	Xióng	Sōng	Liáng	Xú	Méi	Shì

枫	**Fēng**	maple						
	Ex:	~如	~红	~亮	秋~	金~	寒~	美~
		Rú	Hóng	Liàng	Qiū	Jīn	Hán	Měi

峰 M	**Fēng**	peak; summit						
	Ex:	青~	高~	超~	奇~	晓~	雪~	海~
		Qīng	Gāo	Chāo	Qí	Xiǎo	Xuě	Hǎi

锋 M	**Fēng**	the sharp point of a sword						
	Ex:	若~	文~	秀~	崇~	英~	怀~	剑~
		Ruò	Wén	Xiù	Chóng	Yīng	Huái	Jiàn

凤 F	**Fēng**	phoenix						
	Ex:	~翥	~羽	~仪	彩~	秀~	金~	翠~
		Zhù	Yǔ	Yí	Cǎi	Xiù	Jīn	Cuì

奉	**Fèng**	give or present with respect						
	Ex:	~训	~孝	~宗	~嗣	~倩	~先	~高
		Xùn	Xiào	Zōng	Sì	Qiàn	Xiān	Gāo

佛	**Fó**	Buddha						
	Ex:	~媛	~媛	~莲	赞~	敬~	慕~	允~
		Yuán	Ài	Lián	Zàn	Jìng	Mù	Yǔn

夫 M	**Fú**	husband; man

Ex:

~之	逸~	宜~	惠~	彦~	介~	伟~
Zhī	Yì	Yí	Huì	Yàn	Jiè	Wěi

芙	**Fú**	lotus

Ex:

世~	美~	华~	笑~	~乐	~昌	~蓉
Shì	Měi	Huá	Xiào	Lè	Chāng	Róng

孚	**Fú**	1. inspire confidence 2. enjoy high prestige

Ex:

美~	仰~	厚~	~茂	~懋	~孟	~哲
Měi	Yǎng	Hòu	Mào	Mào	Mèng	Zhé

福	**Fú**	good fortune; blessing; happiness

Ex:

文~	连~	至~	荣~	~生	~中	~相
Wén	Lián	Zhì	Róng	Shēng	Zhōng	Xiàng

甫 M	**Fǔ**	just; only

Ex:

~仁	~成	~宜	~德	~孝	~新	~刚
Rén	Chéng	Yí	Dé	Xiào	Xīn	Gāng

阜 M	**Fù**	1. mound 2. abundant

Ex:

如~	彰~	延~	荏~	享~	厚~	仓~
Rú	Zhāng	Yán	Rěn	Xiǎng	Hòu	Cāng

富	**Fù**	rich; wealthy; abundant

Ex:

学~	致~	文~	~球	~龄	~年	~书
Xué	Zhì	Wén	Qiú	Líng	Nián	Shū
~粟	~铭	~昌	~盛	~坤	~余	~禾
Sū	Míng	Chāng	Shèng	Kūn	Yú	Hé

G

甘 **Gān**   sweet; pleasant

Ex:

～霖	～怡	～同	～祥	葆～	齐～	春～
Lín	Yí	Tóng	Xiáng	Bǎo	Qí	Chūn

敢 M **Gǎn**   bold; daring; courageous

Ex:

～仁	～名	～和	～本	慕～	欣～	果～
Rén	Míng	Hé	Běn	Mù	Xīn	Guǒ

刚 M **Gāng**   firm; strong; indomitable; vigorous; energetic

Ex:

正～	守～	澄～	德～	克～	～健	～鸿
Zhèng	Shǒu	Chéng	Dé	Kè	Jiàn	Hóng

纲 M **Gāng**   1. key link; guiding principle   2. outline; programme

Ex:

思～	群～	辉～	治～	～亮	～明	～通
Sī	Qún	Huī	Zhì	Liàng	Míng	Tōng

岗 M **Gǎng**   hillock; mound

Ex:

高～	卫～	建～	尚～	颂～	～泽	～荫
Gāo	Wèi	Jiàn	Shàng	Sòng	Zé	Yīn

钢 M **Gàng**   steel

Ex:

耀～	硕～	炼～	大～	～武	～梁	～栋
Yào	Shuò	Liàn	Dà	Wǔ	Liáng	Dòng

高 **Gāo**   tall; high

Ex:

～岗	～飞	～冠	～照	方～	亮～	德～
Gǎng	Fēi	Guān	Zhào	Fāng	Liàng	Dé

格 Gé   standard; pattern; style

Ex:

~致	~伦	~仁	~杰	~超	~洁	~贤
Zhì	Lún	Rén	Jié	Chāo	Jié	Xián

~贵	~琳	伟~	天~	太~	廉~	辛~
Guì	Lín	Wěi	Tiān	Tài	Lián	Xīn

根 Gēn   root; base

Ex:

~懋	~彰	~固	成~	立~	振~	可~
Mào	Zhāng	Gù	Chéng	Lì	Zhèn	Kě

庚 M Gēng   1. the seventh of the ten Heavenly Stems   2. age

Ex:

~武	~济	~奇	~良	阜~	希~	喜~
Wǔ	Jì	Qí	Liáng	Fù	Xī	Xǐ

耿 Gěng   1. bright   2. honest and just; upright

Ex:

~辉	~宓	~英	~绵	~训	~忠	适~
Huī	Mì	Yīng	Mián	Xùn	Zhōng	Shì

工 M Gōng   1. work; labour   2. be versed in; be good at

Ex:

力~	易~	伟~	宏~	~竣	~兴	~丰
Lì	Yì	Wěi	Hóng	Jùn	Xīng	Fēng

公 M Gōng   1. equitable; fair; just   2. male

Ex:

~超	~永	~允	~容	~慰	~为	~益
Chāo	Yǒng	Yǔn	Róng	Wèi	Wéi	Yì

功 Gōng   1. meritorious deed; exploit   2. achievement; result

Ex:

立~	幸~	端~	瑞~	隆~	~成	~勋
Lì	Xìng	Duān	Ruì	Lóng	Chéng	Xūn

恭 Gōng   respectful; reverent

Ex:

承~	敬~	逢~	~厚	~谦	~廉	~勉
Chéng	Jìng	Féng	Hòu	Qiān	Lián	Miǎn

谷 Gǔ   1. valley; gorge 2. cereal; grain

Ex: 虚～   怀～   守～   爱～   ～容   ～粟   ～海
       Xū   Huái   Shǒu   Ài   Róng   Sù   Hǎi

鹄 Gǔ   target

Ex: 宗～   誉～   咏～   豫～   阳～   ～寅   ～佐
       Zōng   Yù   Yǒng   Yù   Yáng   Yǎn   Zuǒ

鼓 M Gǔ   rouse; pluck up

Ex: ～友   ～潮   ～同   ～涛   立～   重～   振～
       Yǒu   Cháo   Tóng   Tāo   Lì   Chóng Zhèn

固 M Gù   1. solid; firm 2. resolutely

Ex: 藏～   壑～   野～   育～   ～宇   ～佑   ～本
       Cáng   Hè   Yě   Yù   Yǔ   Yòu   Běn

观 Guān   1. look at; watch; observe 2. sight; view
               3. outlook; concept

Ex: ～烈   ～岳   ～松   ～舒   祥～   煦～   绪～
       Liè   Yuè   Sōng   Shū   Xiáng Xù   Xù

冠 Guān   1. hat 2. crown; corona 3. crest
    Guàn   1. the best 2. champion

Ex: ～杰   ～生   ～群   ～吾   ～亚   ～华   ～照
       Jié   Shēng Qún   Wú   Yà   Huá   Zhào

光 Guāng   1. light; brightness 2. honour; glory

Ex: ～正   ～远   ～大   ～然   弘～   潜～   竞～
       Zhèng Yuǎn   Dà   Rán   Hóng   Qiǎn   Jìng

广 Guǎng   1. wide; vast 2. expand; spread

Ex: 有～   远～   逸～   ～辛   ～彬   ～恒   ～琴
       Yǒu   Yuǎn   Yì   Xīn   Bīn   Héng   Qín

47

圭 Guī an elongated pointed tablet of jade

Ex: 锡~ 宝~ 玉~ 惜~ 喜~ ~瑶 ~侯
Xī Bǎo Yù Xī Xǐ Yáo Hóu

瑰F Guī 1. rare; marvellous 2. treasure; gem 3. surpassingly beautiful; magnificent

Ex: 丽~ 绍~ 绮~ ~霞 ~云 ~妍 ~娴
Lì Shào Qǐ Xiá Yún Yán Xián

贵 Guì 1. expensive 2. valuable; precious; noble

Ex: 贯~ 孔~ 熙~ 班~ ~云 ~如 ~豪
Guàn Kǒng Xī Bān Yún Rú Háo

桂 Guì laurel as an emblem of victory or distinction

Ex: ~芳 ~鸿 ~泽 ~宝 宗~ 希~ 姜~
Fāng Hóng Zé Bǎo Zōng Xī Jiāng

国 Guó country; state; nation

Ex: ~权 ~涛 ~瑛 ~藩 ~祥 ~霖 ~祺
Quán Tāo Yīng Fān Xiáng Lín Qí

果 Guǒ 1. fruit; result 2. resolute; determined

Ex: 立~ 慧~ 景~ 志~ ~宣 ~成 ~达
Lì Huì Jǐng Zhì Xuān Chéng Dá

~盛 ~岳 ~宗 ~松 ~诚 ~夫 ~久
Shèng Yuè Zōng Sōng Chéng Fū Jiǔ

H

海 **Hǎi** 1. sea 2. extra large; of great capacity

Ex: 明～　祖～　盛～　裕～　浩～　～京　～鲲
　　　Míng　Zǔ　Shèng　Yù　Hào　Jīng　Kūn

涵 **Hán** 1. contain 2. ability to control oneself; self-restraint

Ex: 大～　至～　柔～　智～　辛～　～青　～碧
　　　Dà　Zhì　Róu　Zhì　Xīn　Qīng　Bì

汉ₘ **Hàn** 1. Chinese 2. man; a big fellow

Ex: 振～　震～　～卿　～光　～生　～杰　～民
　　　Zhèn　Zhèn　Qīng　Guāng　Shēng　Jié　Mín

翰 **Hàn** writing; painting; calligraphy

Ex: 东～　文～　硕～　侃～　凤～　～林　～才
　　　Dōng　Wén　Shuò　Kǎn　Fèng　Lín　Cái

瀚 **Hàn** vast

Ex: 浩～　霖～　～波　～飞　～斌　～辉　～滨
　　　Hào　Lín　Bō　Fēi　Bīn　Huī　Bīn

豪ₘ **Háo** 1. a person of extraordinary powers or endowments 2. bold and unconstrained 3. heroic spirit

Ex: 志～　家～　思～　万～　～中　～东　～国
　　　Zhì　Jiā　Sī　Wàn　Zhōng　Dōng　Guó

好 **Hǎo** 1. good; fine; nice 2. friendly; kind

Ex: 养～　慰～　颖～　苡～　昶～　～蓉　～宥
　　　Yǎng　Wèi　Yǐng　Yǐ　Xù　Róng　Yòu

浩 M **Hào**　　great; vast; grand

Ex:　养~　培~　原~　顺~　~通　~同　~然
　　　Yǎng　Péi　Yuán　Shùn　Tōng　Tóng　Rán

皓 F **Hào**　　white; bright; luminous

Ex:　~月　~雪　~洁　依~　蔓~　锦~　梦~
　　　Yuè　Xuě　Jié　Yī　Màn　Jǐn　Mèng

禾 M **Hé**　　standing grain

Ex:　庄~　萱~　水~　~生　~茂　~涛　~立
　　　Zhuāng　Xuān　Shuǐ　Shēng　Mào　Tāo　Lì

河 **Hé**　　river

Ex:　冀~　恕~　毓~　澄~　~广　~洪　~朗
　　　Jì　Shù　Yù　Chéng　Guǎng　Hóng　Lǎng

和 **Hé**　　1. kind; gentle; pleasant　2. harmony; peace

Ex:　~应　~乐　~慈　徐~　子~　晴~　人~
　　　Yìng　Lè　Cí　Xú　Zǐ　Qíng　Rén

　　　宽~　广~　安~　~之　~朋　~君　~士
　　　Kuān　Guǎng　Ān　Zhī　Péng　Jūn　Shì

荷 F **Hé**　　lotus

Ex:　碧~　玉~　黛~　月~　~婷　~媛　~君
　　　Bì　Yù　Dài　Yuè　Tíng　Yuán　Jūn

亨 **Hēng**　　go smoothly; be prosperous

Ex:　~一　~俦　~岱　~达　~全　~利　~展
　　　Yī　Chóu　Dài　Dá　Quán　Lì　Zhǎn

恒 **Héng**　　1. permanent; lasting; constant　2. perseverance

Ex:　彬~　祝~　广~　培~　~本　~怀　~睦
　　　Bīn　Zhù　Guǎng　Péi　Běn　Huái　Mù

衡	**Héng**	the graduated arm of a steelyard					
	Ex:	～眉	～璧	～峰	～帆	～玉 锦～	蔼～
		Méi	Bì	Fēng	Fān	Yù Jǐn	Ǎi

弘M	**Hóng**	great; grand; magnificent					
	Ex:	复～	铭～	望～	～海	～彪	～丰 ～范
		Fù	Míng	Wàng	Hǎi	Biāo	Fēng Fàn

红	**Hóng**	1. red 2. symbol of success 3. revolutionary					
	Ex:	～舫	～炽	～榕	～陶	～焕 馨～	大～
		Fǎng	Chì	Róng	Táo	Huàn Xīn	Dà

宏M	**Hóng**	great; grand; magnificent					
	Ex:	～量	～亮	～轩	～声	～镜 正～	士～
		Liàng	Liàng	Xuān	Shēng	Jìng Zhèng	Shì

泓M	**Hóng**	(of water) deep					
	Ex:	～渊	～塘	～谷	～稼	～湄	～涛 ～川
		Yuān	Táng	Gǔ	Jià	Méi	Tāo Chuān

洪M	**Hóng**	1. big; vast 2. flood					
	Ex:	～波	～流	～濡	～浈	～澜	～深 ～泉
		Bō	Liú	Rú	Zhēn	Lán	Shēn Quán
		～原	海～	～中	俊～	盛～	一～ 上～
		Yuán	Hǎi	Zhōng	Jùn	Shèng	Yī Shàng

虹	**Hóng**	rainbow					
	Ex:	彩～	影～	映～	冷～	春～	天～ 景～
		Cǎi	Yǐng	Yìng	Lěng	Chūn	Tiān Jǐng

鸿M	**Hóng**	1. swan; goose 2. great; grand					
	Ex:	～翔	～祥	～训	～盛	庆～	远～ 彦～
		Xiáng	Xiáng	Xùn	Shèng	Qìng	Yuǎn	Yàn

侯 ₘ **Hóu** marquis; nobleman

Ex:

孟~	细~	伯~	典~	云~	致~	平~
Mèng	Xì	Bó	Diǎn	Yún	Zhì	Píng

厚 ₘ **Hòu** 1. kind 2. large; generous 3. favour

Ex:

德~	坤~	敦~	谦~	~志	~学	~竹
Dé	Kūn	Dūn	Qiān	Zhì	Xué	Zhú

湖 **Hú** lake

Ex:

~蔚	~湄	~园	~兰	~泉	怡~	庆~
Wèi	Méi	Yuán	Lán	Quán	Yí	Qìng

虎 ₘ **Hǔ** tiger

Ex:

玉~	秋~	铜~	骏~	诗~	卧~	藏~
Yù	Qiū	Tóng	Jùn	Shī	Wò	Cáng

琥 **Hǔ** amber

Ex:

玉~	俊~	瑗~	稽~	祐~	~珀	~环
Yù	Jùn	Yuàn	Jī	Yòu	Pò	Huán

花 ꜰ **Huā** 1. flower 2. blossom; bloom

Ex:

飞~	琅~	芳~	明~	~梦	~雨	~蹊
Fēi	Láng	Fāng	Míng	Mèng	Yǔ	Xī

华 **Huá** 1. magnificent; splendid; gorgeous 2. prosperous; flourishing; luxurious 3. best part; cream 4. China

Ex:

玉~	星~	香~	诗~	~亭	~砚	~卉
Yù	Xīng	Xiāng	Shī	Tíng	Yàn	Huì

怀 **Huái** 1. bosom 2. mind; think of

Ex:

虚~	健~	谦~	宽~	~笃	~梧	~谷
Xū	Jiàn	Qiān	Kuān	Dǔ	Wú	Gǔ

槐 Huái　Chinese scholartree

Ex: 云~　玉~　雅~　静~　雪~　湘~　佳~
　　　Yún　Yù　Yǎ　Jìng　Xuě　Xiāng　Jiā

欢 Huān　joyous; merry; jubilant

Ex: 怜~　念~　复~　韶~　~萱　~祥　~渝
　　　Lián　Niàn　Fù　Sháo　Xuān　Xiáng　Yú

环 F Huán　1. sing　2. link; surround

Ex: 玉~　素~　绣~　璇~　瑞~　~翠　~婵
　　　Yù　Sù　Xiù　Xuán　Ruì　Cuì　Chán

焕 M Huàn　shining; glowing

Ex: ~章　~奎　~淞　~淇　钦~　悦~　世~
　　　Zhāng　Kuí　Sōng　Qí　Qīn　Yuè　Shì

　　　~行　~洁　~光　廉~　理~　新~　容~
　　　Xíng　Jié　Guāng　Lián　Li　Xīn　Róng

凰 F Huáng　phoenix

Ex: 运~　史~　茜~　璟~　绮~　缨~　凤~
　　　Yùn　Shǐ　Xī　Jǐng　Qǐ　Yīng　Fèng

煌 M Huáng　bright; brilliant

Ex: 耀~　炽~　炫~　~烈　~华　~炳　~辉
　　　Yào　Chì　Xuàn　Liè　Huá　Bǐng　Huī

晖 Huī　sunshine; sunlight

Ex: 乃~　日~　春~　远~　元~　颖~　奉~
　　　Nǎi　Rì　Chūn　Yuǎn　Yuán　Yǐng　Fèng

辉 Huī　brightness; splendour; shine

Ex: 光~　星~　潜~　明~　允~　宣~　耀~
　　　Guāng　Xīng　Qián　Míng　Yǔn　Xuān　Yào

卉 F	Huì	various kinds of grass						
	Ex:	美~	香~	粉~	玉~	婷~	~芳	~锦
		Měi	Xiāng	Fěn	Yù	Tíng	Fāng	Jǐn

慧 F	Huì	1. intelligent; bright 2. wisdom						
	Ex:	~培	~娟	~娥	~心	秀~	巧~	乃~
		Péi	Juān	é	Xīn	Xiù	Qiǎo	Nǎi

蕙 F	Huì	a species of orchid						
	Ex:	沅~	宠~	庄~	静~	纫~	~倩	~玉
		Yuán	Chǒng	Zhuāng	Jìng	Rèn	Qiàn	Yù

惠	Huì	favour; kindness; benefit						
	Ex:	~恕	~彦	~明	~霖	~贤	~祯	~君
		Shù	Yàn	Míng	Lín	Xián	Zhēn	Jūn
		锡~	望~	天~	~彬	~民	~新	~施
		Xī	Wàng	Tiān	Bīn	Mín	Xīn	Shī

基 ₘ Jī base; foundation; key

Ex: 绍～　鸿～　振～　瑞～　国～　祖～　～成
　　Shào　Hóng　Zhèn　Ruì　Guó　Zǔ　Chéng

绩 ₘ Jī achievement; accomplishment; merit

Ex: 俊～　廉～　向～　迺～　士～　万～　悦～
　　Jùn　Lián　Xiàng　Nǎi　Shì　Wàn　Yuè

吉 Jí lucky; propitious; auspicious

Ex: ～甫　～豪　～勋　～熙　咏～　逢～　万～
　　Fǔ　Háo　Xūn　Xī　Yǒng　Féng　Wàn

纪 Jì 1. discipline 2. put down in writing; record
3. age; epoch

Ex: ～桐　～旋　～旺　～佳　～真　～晖　～盛
　　Tóng　Xuán　Wàng　Jiā　Zhēn　Huī　Shèng

季 Jì 1. season 2. the fourth or youngest among
brothers

Ex: ～将　～顺　～常　～道　～仁　～澍　～岳
　　Jiāng　Shùn　Cháng　Dào　Rén　Shù　Yuè

继 ₘ Jì continue; succeed; follow

Ex: ～尧　～唐　～棠　～槐　～奎　～涛　祖～
　　Yáo　Táng　Táng　Huái　Kuí　Tāo　Zǔ

济 Jì 1. aid; relieve; help 2. be of help; benefit

Ex: ～世　～宇　～凡　～众　～美　～任　～威
　　Shì　Yǔ　Fán　Zhòng　Měi　Rèn　Wēi

霁 **Jì** cease raining or snowing

Ex:

~雪	~朗	~和	~泰	~霖	~喜	~晖
Xuě	Lǎng	Hé	Tài	Lín	Xǐ	Huī

冀 **Jì** hope; long for; look forward to

Ex:

~慈	~聪	~德	~善	~庆	~哲	~茂
Cí	Cōng	Dé	Shàn	Qìng	Zhé	Mào

加 **Jiā** add, increase; put in

Ex:

~恩	~德	~乐	~力	~达	~勇	~瑛
Ēn	Dé	Lè	Lì	Dá	Yǒng	Yīng
~桂	~惠	~威	~昌	~铭	~文	~立
Guì	Huì	Wēi	Chāng	Míng	Wén	Lì

佳 **Jiā** good; fine; beautiful

Ex:

人~	思~	希~	~凤	~骝	~玉	~骅
Rén	Sī	Xī	Fèng	Liú	Yù	Huá

家 **Jiā** family; household

Ex:

~骏	~宪	~勋	~训	~俊	~驹	~鸿
Jùn	Xiàn	Xūn	Xùn	Jùn	Jū	Hóng

嘉 **Jiā** 1. good; fine 2. praise; commend

Ex:

~慧	~声	~盛	~成	~玉	瑞~	崇~
Huì	Shēng	Shèng	Chéng	Yù	Ruì	Chóng

甲 **Jiǎ** first

Ex:

~果	~中	~东	~申	魁~	常~	永~
Guǒ	Zhōng	Dōng	Shēn	Kuí	Cháng	Yǒng

稼 **Jià** 1. sow grain 2. cereals; crops

Ex:

学~	澍~	和~	宜~	立~	仁~	悦~
Xué	Shù	Hé	Yí	Lì	Rén	Yuè

坚 M *Jiān* — hard; solid; firm; strong

Ex:

志~	毅~	守~	节~	~翼	~隆	~立
Zhì	Yì	Shǒu	Jié	Yì	Lóng	Lì

建 *Jiàn* — build; construct; establish; propose

Ex:

~君	~稷	~丕	~粲	~发	永~	子~
Jūn	Jì	Pī	Càn	Fā	Yǒng	Zǐ

剑 *Jiàn* — sword

Ex:

~雄	~辉	~云	~飞	明~	任~	惕~
Xióng	Huī	Yún	Fēi	Míng	Rèn	Tì

健 *Jiàn* — healthy; strong; strengthen

Ex:

~雄	~图	~能	~麟	定~	增~	子~
Xióng	Tú	Néng	Líng	Dìng	Zēng	Zǐ

娇 F *Jiāo* — tender; lovely; charming

Ex:

玉~	凤~	明~	梅~	月~	~娜	~婉
Yù	Fèng	Míng	Méi	Yuè	Nà	Wǎn

教 *Jiào* — teach; instruct

Ex:

文~	念~	怀~	演~	从~	仰~	慕~
Wén	Niàn	Huái	Yǎn	Cóng	Yǎng	Mù

杰 *Jié* — outstanding; remarkable; prominent

Ex:

伦~	兆~	怡~	洵~	~汉	~民	~龙
Lún	Zhào	Yí	Xún	Hàn	Mín	Lóng
~豪	~绍	~璎	~业	~廉	~铨	~然
Háo	Shào	Yīng	Yè	Lián	Quán	Rán

捷 M *Jié* — 1. victory; triumph; 2. prompt; quick

Ex:

~成	~易	~庆	士~	志~	悦~	念~
Chéng	Yì	Qìng	Shì	Zhì	Yuè	Niàn

竭 Jié	1. with all one's heart 2. do one's utmost

Ex: ~赴   ~幸   ~成   ~举   ~升   ~蕃   ~箕
     Fù   Xìng Chéng Jǔ   Shēng Fān   Jī

介 M Jiè	upright; honest and frank

Ex: ~夫   ~绩   ~正   ~哲   ~志   ~栋   ~道
     Fū   Jī   Zhèng Zhé   Zhì   Dòng   Dào

金 Jīn	gold; money; metals

Ex: ~秋   ~霞   ~望   ~裕   ~裘   绍~   光~
     Qiū   Xiá   Wàng Yù   Qiú   Shào Guāng

津 Jīn	1. ferry crossing; ford 2. moist; damp

Ex: ~维   ~道   ~涛   ~善   ~献   ~慕   ~生
     Wéi   Dào   Tāo   Shàn Xiàn Mù   Shēng

锦 Jǐn	1. bright and beautiful 2. brocade

Ex: ~成   ~秀   ~泉   ~惠   ~璧   ~常   ~霞
     Chéng Xiù   Quán Huì   Bì   Cháng Xiá

     ~辉   ~雄   佩~   隆~   赛~   丽~   润~
     Huī   Xióng Pèi   Lóng Sài   Lì   Rùn

进 M Jìn	advance; move forward; progress; bring in

Ex: ~昂   ~绥   ~宪   ~兴   ~宏   ~慕   ~才
     Áng   Suí   Xiàn Xīng Hóng Mù   Cái

劲 M Jìn	strength; energy; spirit; vigour

Ex: ~飞   ~效   ~松   ~鹏   ~锋   ~波   ~发
     Fēi   Xiào Sōng Péng Fēng Bō   Fā

京 Jīng	the capital of a country

Ex: ~生   ~贵   ~笙   ~瑞   韶~   谨~   庆~
     Shēng Guì   Shēng Ruì   Sháo Jǐn   Qìng

旌 M Jīng   harness and flags

Ex:　开～　冠～　强～　献～　～广　～启　～凯
      Kāi　Guān　Qiáng　Xiàn　Guǎng　Qǐ　Kǎi

菁 F Jīng   lush; luxuriant; essence; cream

Ex:　美～　维～　愉～　季～　柳～　眉～　～增
      Měi　Wéi　Yú　Jì　Liǔ　Méi　Zēng

晶 Jīng   1. brilliant; shining 2. crystal

Ex:　爱～　钟～　超～　若～　仁～　～纯　～洁
      Ài　Zhōng　Chāo　Ruò　Rén　Chún　Jié

精 Jīng   1. refined; choice; perfect; smart; sharp 2. energy

Ex:　～卫　～楚　～诚　～纯　～谦　～玉　～梓
      Wèi　Chǔ　Chéng　Chún　Qiān　Yù　Zǐ

景 Jǐng   1. view; scenery; scene 2. situation; condition
3. admire; respect

Ex:　～文　～蓁　～东　～葆　～芬　～芝　～达
      Wén　Zhēn　Dōng　Bǎo　Fēng　Zhī　Dá

净 Jìng   1. clean 2. completely

Ex:　～砚　～虹　～慧　～悟　～觉　皆～　雅～
      Yàn　Hóng　Huì　Wù　Jué　Jiē　Yǎ

竞 Jìng   compete; contest

Ex:　～雄　～达　～建　～凡　～和　～武　～弘
      Xióng　Dá　Jiàn　Fán　Hé　Wǔ　Hóng

竟 Jìng   finish; complete

Ex:　～成　～升　～果　～学　～榜　～文　～航
      Chéng　Shēng　Guǒ　Xué　Bǎng　Wén　Háng

敬 **Jìng**   respect; offer politely

Ex:

～玉	～怀	～恭	～熙	康～	保～	贤～
Yù	Huái	Gōng	Xī	Kāng	Bǎo	Xián

靖 **Jìng**   peace; tranquillity

Ex:

～纯	～绵	～蔓	～祺	～忠	～绥	～观
Chún	Mián	Màn	Qí	Zhōng	Suí	Guān

静 **Jìng**   still; quiet; calm

Ex:

克～	笃～	～玑	～愚	～洁	～娴	～仪
Kè	Dǔ	Jī	Yú	Jié	Xián	Yí
温～	素～	文～	宏～	仁～	则～	容～
Wēn	Sù	Wén	Hóng	Rén	Zé	Róng

炯 **Jiǒng**   bright; shining

Ex:

～明	～泰	～图	～茂	～余	～贵	～观
Míng	Tài	Tú	Mào	Yú	Guì	Guān

久 **Jiǔ**   for a long time

Ex:

～玉	～名	～邦	～辉	～华	长～	广～
Yù	Míng	Bāng	Huī	Huá	Cháng	Guǎng

菊 F **Jú**   chrysanthemum

Ex:

秋～	美～	瘦～	寒～	～霞	～香	～芳
Qiū	Měi	Shòu	Hán	Xiá	Xiāng	Fāng

举 M **Jǔ**   lift; raise; hold up; start

Ex:

文～	山～	常～	恒～	慕～	～波	～亨
Wén	Shān	Cháng	Héng	Mù	Bō	Hēng

巨 M **Jù**   huge; gigantic

Ex:

～高	～达	～源	～秀	～先	～君	～伯
Gāo	Dá	Yuán	Xiù	Xiān	Jūn	Bó

聚	Jù	assemble; get together						
	Ex:	～波	～哲	～殷	～昌	～云	～华	～庄
		Bō	Zhé	Yīn	Chāng	Yún	Huá	Zhuāng

娟 F	Juān	beautiful; graceful						
	Ex:	美～	秀～	素～	巧～	～心	～仪	～好
		Měi	Xiù	Sù	Qiǎo	Xīn	Yí	Hǎo

隽	Juàn	meaningful						
	Ex:	～远	～海	～棠	～蓁	～飞	～辉	～元
		Yuǎn	Hǎi	Táng	Zhēn	Fēi	Huī	Yuán

珏 F	Jué	two pieces of jade put together						
	Ex:	家～	玉～	佩～	怀～	琏～	～玲	～琳
		Jiā	Yù	Pèi	Huái	Lián	Líng	Lín

军 M	Jūn	armed forces; army; troops						
	Ex:	右～	浩～	蔼～	逢～	烨～	协～	豪～
		Yòu	Hào	Ǎi	Féng	Yè	Xié	Háo

君	Jūn	1. monarch; supreme ruler 2. gentleman; a man of noble character						
	Ex:	璧～	建～	锦～	文～	向～	～佑	～祐
		Bì	Jiàn	Jǐn	Wén	Xiàng	Yòu	Yòu

俊 M	Jùn	1. handsome; pretty 2. a person of outstanding talent; hero						
	Ex:	人～	川～	文～	守～	～心	～夫	～卿
		Rén	Chuān	Wén	Shǒu	Xīn	Fū	Qīng

骏 M	Jùn	fine horse; steed						
	Ex:	家～	捷～	美～	良～	福～	冠～	驰～
		Jiā	Jié	Měi	Liáng	Fú	Guān	Chí

开 **Kāi**	open; start; operate						
Ex:	～瑞	～洋	～逸	～荣	～玫	宇～	启～
	Ruì	Yáng	Yì	Róng	Méi	Yǔ	Qǐ

凯 M **Kǎi**	1. triumphant strains 2. victorious						
Ex:	奏～	燕～	传～	壮～	笃～	～还	～歌
	Zòu	Yàn	Chuán	Zhuàng	Dǔ	Huán	Gē

楷 M **Kǎi**	model; pattern						
Ex:	文～	仕～	梧～	吉～	振～	～砚	～楷
	Wén	Shì	Wú	Jí	Zhèn	Yàn	Jiē

康 M **Kāng**	well-being; health						
Ex:	继～	亨～	永～	贵～	庆～	～泰	～庄
	Jì	Hēng	Yǒng	Guì	Qìng	Tài	Zhuāng

慷 **Kāng**	1. vehement; fervent 2. generous; liberal						
Ex:	继～	亚～	宏～	和～	同～	亦～	欣～
	Jì	Yà	Hóng	Hé	Tóng	Yì	Xīn

珂 **Kē**	a jade-like stone						
Ex:	玉～	晏～	献～	期～	恕～	～楚	～轩
	Yù	Yàn	Xiàn	Qī	Shù	Chǔ	Xuān

科 **Kē**	a branch of academic study						
Ex:	甄～	青～	唐～	律～	～秦	～实	～东
	Zhēn	Qīng	Táng	Lǜ	Qín	Shí	Dōng

可 **Kě**　1. approve　2. can; may

Ex: ～润　～婵　～纲　与～　适～　全～　力～
Rùn　Chán　Gāng　Yù　Shì　Quán　Lì

克 **Kè**　1. can; be able to;　2. overcome; restrain

Ex: ～定　～静　～明　～鼎　～能　～图　～非
Dìng　Jìng　Míng　Dǐng　Néng　Tú　Fēi

肯 **Kěn**　1. agree; consent　2. affirm; approve

Ex: ～哲　～正　～展　～甯　良～　琅～　日～
Zhé　Zhèng　Zhǎn　Níng　Liáng　Láng　Rì

恳 **Kěn**　earnestly; sincerely

Ex: ～敬　～志　～德　～民　～典　念～　怀～
Jìng　Zhì　Dé　Mín　Diǎn　Niàn　Huái

空 **Kōng**　1. nothing; in vain;　2. sky; air

Ex: 皆～　净～　明～　谷～　壑～　～林　～山
Jiē　Jìng　Míng　Gǔ　Hè　Lín　Shān

宽 M **Kuān**　1. wide; broad;　2. relax; relieve; free from worry; happy　3. generous; lenient　4. comfortably off; well-off

Ex: 德～　守～　安～　尚～　～吾　～民　～仁
Dé　Shǒu　Ān　Shàng　Wú　Mín　Rén

葵 **Kuí**　sunflower

Ex: ～花　～中　～日　～汉　若～　向～　永～
Huā　Zhōng　Rì　Hàn　Ruò　Xiàng　Yǒng

魁 M **Kuí**　1. chief; head　2. of stalwart build; big and tall

Ex: ～龄　～年　～庚　～梧　宗～　继～　伟～
Líng　Nián　Gēng　Wú　Zōng　Jì　Wěi

坤 **Kūn** female

Ex: 汉～ 乐～ 耀～ 悦～ 端～ 玉～ 妙～
       Hàn   Lè   Yào   Yuè   Duān   Yù   Miào

昆 M **Kūn** elder brother

Ex: 日～ 谦～ 宜～ 泽～ 深～ 宝～ 彦～
       Rì   Qiān   Yí   Zé   Shēn   Bǎo   Yàn

People are inclined to create impressions of a person's appearance, stature and even social standing from the visual form of his Chinese name.

L

来 *Lái*	1. come; arrive 2. future; next						
Ex:	恩～	泰～	～喜	～福	～安	～荣	～圣
	Ēn	Tài	Xǐ	Fú	Ān	Róng	Shèng

兰 F *Lán*	orchid						
Ex:	香～	若～	幽～	湘～	～姿	～馥	～谷
	Xiāng	Ruò	Yōu	Xiāng	Zī	Fù	Gǔ

岚 M *Lán*	haze; vapour; mist						
Ex:	高～	元～	远～	巨～	壮～	～云	～风
	Gāo	Yuán	Yuǎn	Jù	Zhuàng	Yún	Fēng

蓝 *Lán*	blue						
Ex:	～天	～峦	～川	～苍	永～	嵩～	蔚～
	Tiān	Luán	Chuān	Cāng	Yǒng	Sōng	Wèi

览 *Lǎn*	look at; see; view						
Ex:	高～	观～	远～	瞻～	眺～	～望	～怀
	Gāo	Guān	Yuǎn	Zhān	Tiào	Wàng	Huái

朗 *Lǎng*	light; bright						
Ex:	开～	晴～	豁～	怀～	～莞	～明	～云
	Kāi	Qíng	Huò	Huái	Wǎn	Míng	Yún

劳 M *Láo*	1. work; labour 2. meritorious deed; service 3. express one's appreciation; reward.						
Ex:	弘～	荣～	安～	丰～	志～	建～	启～
	Hóng	Róng	Ān	Fēng	Zhì	Jiàn	Qǐ

乐 **Lè** happy; cheerful; joyful

Ex: ～思 ～仁 ～游 ～骋 百～ 永～ 咏～
Sī Rén Yóu Chěng Bǎi Yǒng Yǒng

雷 M **Léi** thunder

Ex: 春～ 灵～ 威～ 耀～ 东～ 初～ 通～
Chūn Líng Wēi Yào Dōng Chū Tōng

磊 M **Lěi** open and upright

Ex: ～明 ～清 方～ 忠～ 洪～ 永～ 长～
Míng Qīng Fāng Zhōng Hóng Yǒng Cháng

蕾 F **Lěi** flower bud

Ex: 初～ 绛～ 宁～ 茂～ 安～ 曼～ 冀～
Chū Jiàng Níng Mào Ān Màn Jì

梨 F **Lí** pear

Ex: ～雨 ～川 ～华 ～英 ～盛 ～园 ～蔚
Yǔ Chuāng Huá Yīng Shèng Yuán Wèi

黎 **Lí** 1. the common people; the multitude 2. dawn;
daybreak

Ex: ～晖 ～雪 ～明 ～常 ～英 ～华 ～云
Huī Xuě Míng Cháng Yīng Huá Yún

礼 **Lǐ** courtesy; manners

Ex: 文～ 世～ 玄～ 才～ 度～ 嗣～ 绪～
Wén Shì Xuán Cái Dù Sì Xù

理 **Lǐ** reason; logic; truth

Ex: 文～ 智～ ～谌 ～显 ～裴 ～信 ～衡
Wén Zhì Chén Xiǎn Péi Xìn Héng

力 M	lì	power; strength; ability					
	Ex:	~工	~行	~坚	~升	~兴	~恭	~伟
		Gōng	Xíng	Jiān	Shēng	Xīng	Gōng	Wěi

立	lì	1. stand; erect; establish 2. upright					
	Ex:	~果	~关	~荣	~才	~武	~人	~华
		Guǒ	Guān	Róng	Cái	Wǔ	Rén	Huá

丽 F	lì	beautiful					
	Ex:	~霞	~珍	~英	~玲	美~	嫣~	玉~
		Xiá	Zhēn	Yīng	Líng	Měi	Yān	Yù
		~人	~春	~阳	~然	嘉~	芝~	多~
		Rén	Chūn	Yáng	Rán	Jiā	Zhī	Duō

励	lì	encourage					
	Ex:	~文	~柯	~真	~善	~和	~昭	~方
		Wén	Kē	Zhēn	Shàn	Hé	Zhāo	Fāng

利	lì	1. sharp 2. favourable; 3. benefit					
	Ex:	永~	泰~	孔~	达~	~纯	~山	~硕
		Yǒng	Tài	Kǒng	Dá	Chún	Shān	Shuò

俐 F	lì	clever; bright					
	Ex:	~玲	~方	~芸	~焯	温~	峤~	虞~
		Líng	Fāng	Yún	Zhuō	Wēn	Qiáo	Yú

莉 F	lì	jasmine					
	Ex:	碧~	雪~	馨~	茜~	~莲	~薇	~莎
		Bì	Xuě	Xīn	Xī	Lián	Wēi	Shā

连	lián	link; join; connect					
	Ex:	理~	茂~	~满	~同	~滔	~涛	~堂
		Lǐ	Mào	Mǎn	Tóng	Tāo	Tāo	Táng

莲 F **Lián**	lotus						
Ex:	丽～	郁～	禧～	巧～	宝～	～钰	～苔
	Lì	Yù	Xǐ	Qiǎo	Bǎo	Yù	Tái

联 M **Lián**	ally oneself with						
Ex:	～勇	～栾	～圃	～璞	～骐	～强	～协
	Yǒng	Luán	Pǔ	Pú	Qí	Qiáng	Xié

廉 **Lián**	honest and clean						
Ex:	～恕	～舒	～穗	～荪	～粟	～菘	～青
	Shù	Shū	Suì	Sūn	Sù	Sōng	Qīng

恋 **Liàn**	love; feel attached to						
Ex:	～山	～洋	～水	～原	～旭	～知	～林
	Shān	Yáng	Shuǐ	Yuán	Xù	Zhī	Lín

良 M **Liáng**	1. good; fine 2. able person						
Ex:	～驹	～成	～安	～澍	士～	慈～	民～
	Jū	Chéng	Ān	Shù	Shì	Cí	Mín

梁 **Liáng**	1. roof beam 2. bridge 3. ridge						
Ex:	～成	～举	～固	～安	鸿～	孟～	肇～
	Chéng	Jǔ	Gù	Ān	Hóng	Mèng	Zhào
	～昆	～民	～如	～芳	成～	大～	中～
	Kūn	Mín	Rú	Fāng	Chéng	Dà	Zhōng

亮 **Liàng**	1. bright; light 2. shine 3. enlightened						
Ex:	～德	～章	～舒	宏～	国～	明～	以～
	Dé	Zhāng	Shū	Hóng	Guó	Míng	Yǐ

量 M **Liàng**	capacity; quantity; amount						
Ex:	海～	无～	德～	恩～	煦～	～宣	～洪
	Hǎi	Wú	Dé	Ēn	Xù	Xuān	Hóng

辽 **Liáo** faraway; vast

Ex: ～远 ～浔 ～汛 ～萱 ～雪 ～虚 ～淞
　　Yuǎn　Xún　Xùn　Xuān　Xuě　Xū　Sōng

燎 **Liáo** burn

Ex: ～原 ～亮 ～金 ～炫 ～霆 ～阳 ～通
　　Yuán　Liàng　Jīn　Xuàn　Tíng　Yáng　Tōng

列M **Liè** arrange; line up; list

Ex: 坦～ 山～ 统～ 巍～ 威～ ～扬 ～石
　　Tǎng　Shān　Tǒng　Wēi　Wēi　Yáng　Shí

烈M **Liè** 1. strong; violent 2. raging fire

Ex: 传～ 芳～ 荣～ 兴～ 幸～ 智～ 英～
　　Chuán　Fāng　Róng　Xīng　Xìng　Zhì　Yīng

林 **Lín** forest; woods

Ex: ～生 ～蔚 ～玮 ～缘 渊～ 岳～ 祥～
　　Shēng　Wèi　Wěi　Yuán　Yuān　Yuè　Xiáng

琳 **Lín** beautiful jade

Ex: 玉～ 宝～ 茜～ 楠～ 泰～ 筱～ 芸～
　　Yù　Bǎo　Xī　Nán　Tài　Xiǎo　Yún

霖M **Lín** continuous heavy rain; good soaking rain; timely rain

Ex: 沛～ 颜～ 巍～ 陶～ 奕～ 朝～ 昭～
　　Pèi　Yán　Wēi　Táo　Yì　Zhāo　Zhào

灵 **Líng** quick; clever; intelligent; effective; skilful

Ex: 敏～ 钟～ 泽～ 焰～ 照～ 肇～ 长～
　　Mǐn　Zhōng　Zé　Yàn　Zhào　Zhào　Cháng

苓 F **líng**   Poris cocoo

Ex:

芷~	裕~	禅~	艳~	绥~	莎~	晓~
Zhǐ	Yù	Shán	Yàn	Suí	Shā	Xiǎo

玲 F **líng**   petite and dainty

Ex:

丽~	慕~	凯~	秀~	静~	翠~	悦~
Lì	Mù	Kǎi	Xiù	Jìng	Cuì	Yuè

凌 **líng**   1. before dawn 2. rise high; reach the clouds

Ex:

~云	~波	~寰	~辰	~璋	~高	~峰
Yún	Bō	Huán	Chén	Zhāng	Gāo	Fēng

~同	燕~	翔~	泽~	鹏~	壮~	乐~
Tóng	Yàn	Xiáng	Zé	Péng	Zhuàng	Lè

铃 **líng**   small bell

Ex:

幸~	喜~	曼~	锦~	银~	鹰~	祥~
Xìng	Xǐ	Màn	Jǐn	Yín	Yīng	Xiáng

菱 F **líng**   water chestnut

Ex:

红~	雁~	仙~	细~	香~	娴~	杏~
Hóng	Yàn	Xiān	Xì	Xiāng	Xián	Xìng

龄 F **líng**   length of time

Ex:

美~	晏~	殷~	寅~	应~	永~	庆~
Měi	Yàn	Yīn	Yǎn	Yìng	Yǒng	Qìng

令 **lìng**   laws and decrees; good name-reputation

Ex:

~和	~绪	~元	~愉	~瑜	~长	~常
Hé	Xù	Yuán	Yú	Yú	Cháng	Cháng

留 **liú**   remain; keep; reserve; save

Ex:

~蔓	~舒	~憩	~煦	~省	~谐	~欣
Màn	Shū	Qì	Xù	Xǐng	Xié	Xīn

琉 **Liú**　coloured glaze

Ex:　~茗　~敏　~琅　~茵　~谥　~滢　~沁
　　Míng　Mǐn　Láng　Yīn　Yì　Yíng　Qìn

柳 **Liǔ**　willow

Ex:　~波　~懋　~眉　~莺　~荫　~绿　~声
　　Bō　Mào　Méi　Yīng　Yīn　Lǜ　Shēng

隆 M **Lóng**　grand; prosperous; thriving; intense; deep

Ex:　万~　民~　绵~　南~　蓬~　齐~　~寿
　　Wàn　Mín　Mián　Nán　Péng　Qí　Shòu

龙 M **Lóng**　dragon

Ex:　~山　俊~　天~　伟~　文~　望~　飞~
　　Shān　Jùn　Tiān　Wěi　Wén　Wàng　Fēi

陆 **Lù**　land

Ex:　~亭　~鸣　~施　~胜　~世　农~　奇~
　　Tíng　Míng　Shī　Shèng　Shì　Nóng　Qí

璐 F **Lù**　jade

Ex:　美~　梅~　品~　秦~　唐~　~洲　~瑞
　　Měi　Méi　Pǐn　Qín　Táng　Zhōu　Ruì

露 **Lù**　dew ; reveal

Ex:　~茜　~亭　~苗　沛~　扬~　锐~　玫~
　　Xī　Tíng　Miáo　Pèi　Yáng　Ruì　Měi

律 **Lǜ**　1. law; statute; rule 2. restrain; keep under control

Ex:　~齐　~培　~辛　~蓉　~蓁　~肇　~诚
　　Qí　Péi　Xīn　Róng　Zhēn　Zhào　Chéng

绿 **lǜ** green

Ex:

~筠	~洲	~漪	~茵	~峰	~莹	~泽
Yún	Zhōu	Yī	Yīn	Fēng	Yín	Zé

峦 **luán** 1. low but steep and pointed hill 2. mountain in a range

Ex:

金~	长~	青~	明~	秀~	光~	贵~
Jīn	Cháng	Qīng	Míng	Xiù	Guāng	Guì

銮 **luán** a small tinkling bell

Ex:

秀~	金~	庄~	穆~	明~	~元	~裕
Xiù	Jīn	Zhuāng	Mù	Míng	Yuán	Yù

伦 **lūn** 1. human relations 2. logic; order

Ex:

美~	孟~	慕~	嵩~	~远	~炎	~琪
Měi	Mèng	Mù	Sōng	Yuǎn	Yàn	Qí

仑 M **lún** logical sequence

Ex:

~其	~强	~芹	~庆	~松	乔~	夏~
Qí	Qiáng	Qín	Qìng	Sōng	Qiáo	Xià

洛 **luò** the name of a river

Ex:

~易	~蟠	~乾	~澍	~源	述~	佩~
Yì	Pán	Qián	Shù	Yuán	Shù	Pèi

永~	芳~	昌~	顺~	瑞~	长~	蔚~
Yǒng	Fāng	Chāng	Shùn	Ruì	Cháng	Wèi

M

玛 **Mǎ** agate
Ex: ～戈 ～宁 ～抒 ～芸 ～祯 ～桢 ～珍
Gē Níng Shū Yún Zhēng Zhēn Zhēn

迈 M **Mài** step forward; advance with big strides
Ex: ～康 ～幸 ～隆 ～瑞 ～豪 捷～ 君～
Kāng Xìng Lóng Ruì Háo Jié Jūn

麦 **Mài** wheat
Ex: ～青 ～余 ～波 ～丰 ～洋 ～盛 金～
Qīng Yú Bō Fēng Yáng Shèng Jīn

满 **Mǎn** full; filled
Ex: 瑞～ 志～ 慧～ 泉～ ～熙 ～望 ～海
Ruì Zhì Huì Quán Xī Wàng Hǎi

曼 **Màn** graceful
Ex: ～君 ～英 ～青 ～彬 ～萍 秋～ 西～
Jūn Yīng Qīng Bīn Píng Qiū Xī

蔓 F **Màn** trailing plant
Ex: ～莉 ～玲 ～媛 ～至 ～枝 ～娜 柳～
Lì Líng Yuán Zhì Zhī Nà Liǔ

芒 **Máng** rays of light; brilliant rays
Ex: ～辉 ～禾 ～昌 ～旺 ～芸 ～春 ～立
Huī Hé Chāng Wàng Yún Chūn Lì

茂 _M **Mào** luxuriant; flourishing

Ex: ～煦 ～盛 ～霖 ～植 ～发 ～泰 俊～
         Xù   Shèng   Lín   Zhí   Fā   Tài   Jùn

懋 **Mào** diligent; luxuriant

Ex: ～辛 ～清 ～萱 ～征 ～泽 ～哲 君～
         Xīn   Qīng   Xuān   Zhēng   Zé   Zhé   Jùn

玫 _F **Méi** rose

Ex: ～枝 ～蕊 ～蕙 ～姿 端～ 白～ 巧～
         Zhī   Ruǐ   Huì   Zī   Duān   Bái   Qiǎo

眉 _F **Méi** features; looks

Ex: 爱～ 朗～ 笑～ 慧～ 秀～ 展～ 开～
         Ài   Lǎng   Xiào   Huì   Xiù   Zhǎn   Kāi

       裕～ 粲～ ～娟 ～雯 容～ 逸～ 文～
         Yù   Càn   Juān   Wén   Róng   Yì   Wén

梅 _F **Méi** plum blossom

Ex: 雪～ 笑～ 冬～ 寒～ 香～ ～窗 ～枝
         Xuě   Xiào   Dōng   Hán   Xiāng   Chuāng   Zhī

美 _F **Měi** beautiful; pretty; good; very satisfactory

Ex: ～婷 ～蓉 ～兰 ～瑛 ～菡 ～燕 ～鸾
         Tíng   Róng   Lán   Yīng   Hán   Yàn   Luán

媚 _F **Mèi** charming; fascinating; enchanting

Ex: 顾～ 曼～ 绮～ 碧～ 英～ 倩～ ～芳
         Gù   Màn   Qǐ   Bì   Yīng   Qiàn   Fāng

蒙 **Méng** receive; meet with

Ex: ～光 ～智 ～照 ～辉 ～立 ～霖 ～盛
         Guāng   Zhì   Zhào   Huī   Lì   Lín   Shèn

孟	**Mèng**	eldest brother					
	Ex:	~轲	~庄	~安	~元	~武	承~	延~
		Kē	Zhuāng	Ān	Yuán	Wǔ	Chéng	Yán

梦	**Mèng**	dream					
	Ex:	~怀	~蝶	~宗	~先	~骞	~渊	~佳
		Huái	Dié	Zōng	Xiān	Qiān	Yuān	Jiā

弥	**Mí**	full; overflowing					
	Ex:	~满	~容	~达	~悟	~胜	~孺	绰~
		Mǎn	Róng	Dá	Wù	Shèng	Rǔ	Chuò

蜜 F	**Mì**	honey; sweet					
	Ex:	~美	~醇	~恬	~泉	~源	纯~	柔~
		Měi	Chún	Tián	Quán	Yuán	Chún	Róu

绵	**Mián**	continuous; unbroken					
	Ex:	宗~	远~	达~	~弘	~祐	~衍	~亮
		Zōng	Yuǎn	Dá	Hóng	Yòu	Yǎn	Liàng

勉	**Miǎn**	exert; strive; encourage; urge					
	Ex:	~之	~文	~翊	敦~	嘉~	佳~	尚~
		Zhī	Wén	Yì	Dūn	Jiā	Jiā	Shàng

苗	**Miáo**	young plant; seedling					
	Ex:	~青	~瑞	~钧	~琳	~光	绍~	慧~
		Qīng	Ruì	Jūn	Lín	Guāng	Shào	Huì
		美~	玉~	畹~	秀~	绿~	祥~	华~
		Měi	Yù	Wǎn	Xiù	Lǜ	Xiàng	Huí

淼 淼	**Miǎo**	(of an expanse of water) vast					
	Ex:	景~	季~	洪~	智~	伟~	厚~	怀~
		Jǐng	Jì	Hóng	Zhì	Wěi	Hòu	Huái

妙 F	**Miào**	wonderful; excellent; fine						
	Ex:	~丽	~思	~玄	~元	~玉	文~	化~
		Lì	Sī	Xuán	Yuán	Yù	Wén	Huà

民 M	**Mín**	the people						
	Ex:	立~	允~	汉~	继~	耿~	伟~	建~
		Lì	Yǔn	Hàn	Jì	Gěng	Wěi	Jiàn

敏	**Mǐn**	quick; agile; sharp; acute; keen						
	Ex:	诚~	美~	尚~	葆~	爱~	思~	~聪
		Chéng	Měi	Shàng	Bǎo	Ài	Sī	Cōng

名	**Míng**	fame; famous						
	Ex:	溥~	富~	美~	启~	育~	~鸿	~圣
		Pǔ	Fù	Měi	Qǐ	Yù	Hóng	Shèng

明	**Míng**	bright; brilliant; light						
	Ex:	~盛	~海	~君	~天	~德	~辉	~俐
		Shèng	Hǎi	Jūn	Tiān	Dé	Huī	Lì
		秋~	雪~	世~	思~	可~	中~	光~
		Qiū	Xuě	Shì	Sī	Kě	Zhōng	Guāng

鸣	**Míng**	1. ring; sound 2. airing of views						
	Ex:	~凤	~鸿	~鸾	~秋	美~	和~	一~
		Fèng	Hóng	Luán	Qiū	Měi	Hé	Yī

铭	**Míng**	engrave						
	Ex:	天~	务~	恕~	宽~	敦~	~心	~意
		Tiān	Wù	Shù	Kuān	Dūn	Xīn	Yì

模	**Mó**	pattern; standard; model						
	Ex:	效~	思~	宗~	式~	裴~	纪~	楷~
		Xiào	Sī	Zōng	Shì	Péi	Jì	Kǎi

茉	**Mò**	jasmine						
	Ex:	～香	～白	～莉	～英	～馨	～馥	～蕊
		Xiāng	Bái	Lì	Yīng	Xīn	Fù	Ruǐ

木	**Mù**	tree; wood						
	Ex:	化～	梓～	聪～	栋～	梁～	大～	～榆
		Huà	Zǐ	Cōng	Dòng	Liáng	Dà	Yú

沐	**Mù**	bathe; immerse						
	Ex:	～恩	～慈	～晖	～惠	～仁	～易	～茵
		Ēn	Cí	Huī	Huì	Rén	Yì	Yīn

牧	**Mù**	herd; tend						
	Ex:	～心	～之	～野	～溪	～辉	良～	善～
		Xīn	Zhī	Yě	Xī	Huī	Liáng	Shàn

睦	**Mù**	peaceful; harmonious						
	Ex:	～和	～居	～学	～秋	～情	谐～	素～
		Hé	Jū	Xué	Qiū	Qíng	Xié	Sù

慕	**Mù**	admire; yearn for; love; adore; look up with admiration						
	Ex:	～勤	～学	～玲	～远	～真	～潜	～瞻
		Qín	Xué	Líng	Yuǎn	Zhēn	Qián	Zhān

穆	**Mù**	solemn; reverent						
	Ex:	正～	逸～	齐～	雍～	文～	庄～	景～
		Zhèng	Yì	Qí	Yōng	Wén	Zhuāng	Jǐng
		清～	光～	恒～	秋～	可～	欣～	裕～
		Qīng	Guāng	Héng	Qiū	Kě	Xīn	Yù

纳 **Nà**	1. receive; admit 2. accept 3. enjoy						
Ex:	～福	～诚	～智	～黍	～言	～度	～恒
	Fú	Chéng	Zhì	Shǔ	Yán	Dù	Héng

乃 **Nǎi**	be; so; therefore; only then						
Ex:	～粲	～晖	～斌	～彬	～穆	～祚	～疆
	Càn	Huī	Bīn	Bīn	Mù	Zuò	Jiāng

耐 **Nài**	be able to bear or endure						
Ex:	～筠	～君	～梅	～冬	～时	～远	～琢
	Jūn	Jūn	Méi	Dōng	Shí	Yuǎn	Zhuó

男 **Nán**	man; male						
Ex:	竞～	一～	比～	胜～	瑞～	福～	鹏～
	Jìng	Yī	Bǐ	Shèng	Ruì	Fú	Péng

南 **Nán**	south						
Ex:	伟～	伯～	赋～	逢～	～日	～光	～居
	Wěi	Bó	Fù	Féng	Rì	Guāng	Jū

能 **Néng**	ability; capability						
Ex:	炽～	厚～	福～	贤～	幸～	～智	～才
	Chì	Hòu	Fú	Xián	Xìng	Zhì	Cái

妮 F **Nī**	girl						
Ex:	燕～	恬～	美～	黛～	良～	艾～	～娜
	Yàn	Tián	Měi	Dài	Liáng	Ài	Nà

年	**Nián**	year; age; a period in one's life						
	Ex:	长～	福～	富～	瑞～	稔～	桂～	博～
		Cháng	Fú	Fù	Ruì	Rěn	Guì	Bó

宁	**Níng**	peaceful; tranquil						
	Ex:	叔～	鸿～	怡～	曜～	苑～	泳～	～远
		Shū	Hóng	Yí	Yào	Yuàn	Yǒng	Yuǎn

农	**Nóng**	agriculture; farming						
	Ex:	半～	稼～	雅～	砚～	庵～	禹～	立～
		Bàn	Jià	Yǎ	Yàn	Ān	Yǔ	Lì

暖 F	**Nuǎn**	warm; genial						
	Ex:	春～	培～	居～	熙～	丰～	～明	～玉
		Chūn	Péi	Jū	Xī	Fēng	Míng	Yù
		～言	～宜	～晴	～黛	～田	～芳	～煦
		Yán	Yí	Qíng	Dài	Tián	Fāng	Xù

葩 F **Pā**	flower						
Ex:	星～	花～	～绮	～娇	～艳	～惠	～芬
	Xīng	Huā	Qǐ	Jiāo	Yàn	Huì	Fēn

琶 F **Pá**	arpeggio						
Ex:	～诺	～音	珍～	爱～	怡～	念～	惜～
	Nuò	Yīn	Zhēn	Ài	Yí	Niàn	Xī

磐 M **Pán**	huge rock						
Ex:	～基	～立	永～	固～	大～	克～	增～
	Jī	Lì	Yǒng	Gù	Dà	Kè	Zēng

蟠 M **Pán**	flat peach						
Ex:	玉～	国～	俊～	祥～	瑞～	彦～	儒～
	Yù	Guó	Jùn	Xiáng	Ruì	Yàn	Rǔ

庞 M **Páng**	huge						
Ex:	～华	～基	～业	～展	～固	～略	～图
	Huá	Jī	Yè	Zhǎn	Gù	Lüè	Tú

培 **Péi**	1. foster; train; develop 2. cultivate; breed						
Ex:	～瑞	～德	～心	～炽	～良	荫～	慧～
	Ruì	Dé	Xīn	Chì	Liáng	Yìn	Huì

沛 M **Pèi**	copious; abundant						
Ex:	～生	～昌	～荣	～春	～安	～兴	～弘
	Shēng	Chāng	Róng	Chūn	Ān	Xīng	Hóng

佩 **Pèi**
1. wear 2. admire
Ex:

～萱	～芹	～梓	～茹	宣～	钦～	今～
Xuān	Qín	Zǐ	Rú	Xuān	Qīn	Jīn

霈 **Pèi**
heavy rain
Ex:

春～	方～	芳～	初～	永～	～宇	～寰
Chūn	Fāng	Fāng	Chū	Yǒng	Yǔ	Huán

澎 **Péng**
surge
Ex:

～海	～淇	～浩	～望	～发	亨～	飞～
Hǎi	Qí	Hào	Wàng	Fā	Hēng	Fēi

朋 **Péng**
friend
Ex:

～逸	～高	～喜	～泰	～来	泽～	云～
Yì	Gāo	Xǐ	Tài	Lái	Zé	Yún

蓬 **Péng**
vigorous; flourishing; full of vitality
Ex:

～莲	～君	～春	～雨	～阳	均～	季～
Lián	Jūn	Chūn	Yǔ	Yáng	Jūn	Jì

鹏 M **Péng**
1. a legendary bird of enormous size 2. have a bright future
Ex:

～举	～飞	～远	～翔	～逸	畅～	大～
Jǔ	Fēi	Yuǎn	Xiáng	Yì	Chàng	Dà

琵 F **Pí**
a stringed musical instrument
Ex:

爱～	美～	～芝	～媛	～玮	～玉	～音
Ài	Měi	Zhī	Ài	Wěi	Yù	Yīn

翩 F **Piān**
lightly; trippingly
Ex:

～姿	～裳	～至	～娜	～翼	振～	乐～
Zī	Cháng	Zhì	Nà	Yì	Zhèn	Lè

| 品 | Pǐn | 1. moral character 2. quality and style 3. conduct; behaviour |

| | Ex: | 洁～ | 德～ | 良～ | ～彰 | ～超 | ～曜 | ～逸 |
| | | Jié | Dé | Liáng | Zhāng | Chāo | Yào | Yì |

| 平 | Píng | 1. flat; even; smooth 2. be on the same level; equal 3. ordinary; common 4. calm; quiet |

| | Ex: | 一～ | 重～ | 荣～ | 羽～ | ～健 | ～怀 | ～和 |
| | | Yī | Zhòng | Róng | Yǔ | Jiàn | Huái | Hé |

| 苹 | Píng | apple |

| | Ex: | ～浩 | ～照 | 庆～ | 雅～ | 美～ | 东～ | 佳～ |
| | | Hào | Zhào | Qìng | Yǎ | Měi | Dōng | Jiā |

| 萍 | Píng | duckweed |

| | Ex: | 曼～ | 绿～ | 星～ | 丽～ | 克～ | ～丹 | ～川 |
| | | Màn | Lǜ | Xīng | Lì | Kè | Dān | Chuān |

| 蒲 | Pú | cattail |

| | Ex: | 东～ | 溪～ | 柔～ | 嘉～ | 冠～ | 曜～ | 缮～ |
| | | Dōng | Xī | Róu | Jiā | Guān | Yào | Shàn |

| 璞 | Pú | uncut jade |

| | Ex: | 奇～ | 华～ | 宝～ | 爱～ | 梦～ | ～真 | ～玉 |
| | | Qí | Huá | Bǎo | Ài | Mèng | Zhēn | Yù |

| 普 | Pǔ | general; universal |

| | Ex: | ～霖 | ～照 | ～昶 | ～煦 | ～旭 | ～炫 | ～华 |
| | | Lín | Zhào | Chǎng | Xù | Xù | Xuàn | Huá |

| | | 光～ | 善～ | 汉～ | 文～ | 久～ | 华～ | 和～ |
| | | Guāng | Shàn | Hàn | Wén | Jiǔ | Huá | Hé |

齐	**Qí**	1. neat; even; tidy; uniform 2. complete; all in readiness						
	Ex:	文～	广～	万～	向～	～圣	～茂	～壮
		Wén	Guǎng	Wàn	Xiàng	Shèng	Mào	Zhuàng

祈	**Qí**	pray; entreat						
	Ex:	～永	～全	～勋	～优	～雍	～翔	～惠
		Yǒng	Quán	Xūn	Yōu	Yōng	Xiáng	Huì

其	**Qí**	that; such; his; her; its; their						
	Ex:	～伟	～沛	～信	～彦	～显	君～	士～
		Wěi	Pèi	Xìn	Yàn	Xiǎn	Jūn	Shì

奇	**Qí**	queer; strange; wonderful; marvellous						
	Ex:	～艾	～芸	～芹	～烈	～能	云～	方～
		Ài	Yún	Qín	Liè	Néng	Yún	Fāng

琦	**Qí**	1. fine jade 2. outstanding; distinguished						
	Ex:	君～	长～	景～	汉～	璋～	司～	之～
		Jūn	Cháng	Jǐng	Hàn	Zhāng	Sī	Zhī

琪	**Qí**	fine jade						
	Ex:	安～	纯～	正～	美～	丹～	～丽	～瑛
		Ān	Chún	Zhèng	Měi	Dān	Lì	Yīng

企	**Qǐ**	1. stand on tiptoe 2. hope for; look forward to						
	Ex:	～智	～兰	～洋	～勇	～正	～凤	～家
		Zhì	Lán	Yáng	Yǒng	Zhèng	Fèng	Jiā

启 _M **Qǐ**   1. open; arouse 2. enlightenment

Ex: ～家   ～阳   ～由   ～远   ～志   ～征   ～锋
          Jiā   Yáng   Yóu   Yuǎn   Zhì   Zhēng Fēng

起 _M **Qǐ**   1. rise; get up; stand up 2. build; set up 3. start; begin

Ex: 承～   敦～   策～   轩～   尚～   卓～   扬～
          Chéng Dūn   Cè   Xuān   Shàng Zhuō   Yáng

绮 _F **Qǐ**   1. figured woven silk material 2. beautiful; gorgeous

Ex: 文～   英～   欣～   方～   ～钰   ～毓   ～丽
          Wén   Yīng   Xīn   Fāng   Yù   Yù   Lì

千 **Qiān**   thousand

Ex: ～阅   ～莹   ～其   ～坪   ～满   ～惠   ～蔚
          Yuè   Yíng   Qí   Píng   Mǎn   Huì   Wèi

谦 **Qiān**   modest and courteous

Ex: ～怀   ～慈   ～瑜   ～亮   ～量   ～文   ～常
          Huái   Cí   Yú   Liàng Liàng Wén   Cháng

前 **Qián**   front; forward; preceding; first

Ex: 光～   向～   慕～   景～   ～燮   ～昭   ～正
          Guāng Xiàng Mù   Jǐng   Xiè   Zhāo   Zhèng

乾 _M **Qián**   male

Ex: 良～   汉～   少～   韦～   晔～   孟～   斌～
          Liáng Hàn   Shào   Wěi   Yè   Mèng   Bīn

倩 _F **Qiàn**   pretty; handsome

Ex: 美～   凤～   ～立   ～容   ～如   ～姿   ～瑜
          Měi   Fèng   Lì   Róng   Rú   Zī   Yú

强 M **Qiáng** strong; powerful

Ex: 大~ 少~ 永~ 克~ 有~ 贵~ 彦~
Dà Shào Yǒng Kè Yǒu Guì Yàn

华~ ~飞 ~明 ~中 ~汉 ~元 ~力
Huá Fēi Míng Zhōng Hàn Yuán Lì

乔 **Qiáo** 1. tall 2. disguise

Ex: 午~ 玉~ 伯~ 弓~ ~冬 ~中 ~松
Wǔ Yù Bó Gōng Dōng Zhōng Sōng

侨 **Qiáo** a person living abroad

Ex: ~安 ~山 ~圣 汉~ 宗~ 仲~ 景~
Ān Shān Shèng Hàn Zōng Zhòng Jǐng

翘 M **Qiáo** 1. raise 2. an outstanding person

Ex: 宗~ 楚~ 鸿~ 侗~ 奇~ 诚~ 祖~
Zōng Chǔ Hóng Tǒng Qí Chéng Zǔ

巧 **Qiǎo** ingenious; clever

Ex: ~琳 ~慈 ~新 ~优 ~亮 ~观 ~玉
Lín Cí Xīn Yōu Liàng Guān Yù

钦 **Qīn** admire; respect

Ex: 应~ 正~ 庄~ ~言 ~绥 ~葳 ~荃
Yīng Zhèng Zhuāng Yán Suí Wēi Quán

芹 **Qín** celery

Ex: ~华 ~荣 ~英 ~莨 ~芸 ~芬 ~菘
Huá Róng Yīng Liáng Yún Fēn Sōng

秦 **Qín** the Qin dynasty

Ex: 冠~ 甫~ 仲~ 季~ 光~ 思~ 扶~
Guān Fǔ Zhòng Jì Guāng Sī Fú

85

琴	Qín	musical instrument					
	Ex:	香～	松～	咏～	羿～	玉～	桂～	韵～
		Xiāng	Sōng	Yǒng	Yì	Yù	Guì	Yùn

勤	Qín	diligent; industrious; hardworking					
	Ex:	子～	学～	从～	时～	正～	喜～	方～
		Zǐ	Xué	Cóng	Shí	Zhèng	Xǐ	Fāng

青	Qīng	1. blue or green 2. green grass 3. youth; youthfulness					
	Ex:	～木	～杰	～松	～栾	椿～	望～	永～
		Mù	Jié	Sōng	Luán	Chūn	Wàng	Yǒng

卿	Qīng	1. a minister in ancient times 2. a term of endearment formerly used between husband and wife					
	Ex:	慧～	子～	长～	仲～	梓～	升～	少～
		Huì	Zǐ	Cháng	Zhòng	Zǐ	Shēng	Shào

清	Qīng	pure; clean; stainless; honest and upright					
	Ex:	～莲	～澄	～涟	～水	～明	～滢	～泉
		Lián	Chéng	Lián	Shuǐ	Míng	Yíng	Quán

晴 F	Qíng	fine; clear; sunny					
	Ex:	～好	～和	～云	～煦	～雯	～景	～莞
		Hǎo	Hé	Yún	Xù	Wén	Jǐng	Wǎn

庆	Qìng	celebrate; congratulate; rejoice					
	Ex:	遵～	～云	～光	～裕	～登	～民	～余
		Zūn	Yún	Guāng	Yù	Dēng	Mín	Yú

琼 F	Qióng	fine jade					
	Ex:	飞～	翠～	佩～	芳～	舜～	秀～	妙～
		Fēi	Cuì	Pèi	Fāng	Shùn	Xiù	Miào

丘	**Qiū**	mound; hill					
	Ex:	满~	粟~	谷~	实~	德~	孔~	仲~
		Mǎn	Sù	Gǔ	Shí	Dé	Kǒng	Zhòng

秋	**Qiū**	autumn; harvest time					
	Ex:	广~	丰~	~瑾	~林	~泉	~月	~菊
		Guǎng	Fēng	Jǐn	Lín	Quán	Yuè	Jú
		~穗	~实	~枫	旺~	望~	金~	幸~
		Suì	Shí	Fēng	Wàng	Wàng	Jīn	Xìng

裘	**Qiú**	fur coat					
	Ex:	美~	荣~	成~	望~	贵~	银~	华~
		Měi	Róng	Chéng	Wàng	Guì	Yín	Huá

趋	**Qū**	hasten; tend towards					
	Ex:	~盛	~良	~阳	~平	~勇	~曜	~运
		Shèng	Liáng	Yáng	Píng	Yǒng	Yào	Yùn

渠 M	**Qú**	1. canal 2. medium of communication					
	Ex:	国~	汉~	大~	昌~	亨~	~通	~成
		Guó	Hàn	Dà	Chāng	Hēng	Tōng	Chéng

趣	**Qù**	interest; delight					
	Ex:	~玉	~云	~河	~志	~泽	~赴	~涛
		Yù	Yún	Hé	Zhì	Zé	Fù	Tāo

权 M	**Quán**	right; power; authority					
	Ex:	国~	伟~	柄~	昆~	建~	钦~	汉~
		Guó	Wěi	Bǐng	Kūn	Jiàn	Qīn	Hàn

全	**Quán**	complete; whole; entirely; perfect					
	Ex:	亨~	十~	文~	秀~	常~	道~	济~
		Hēng	Shí	Wén	Xiù	Cháng	Dào	Jì

泉 ₘ **Quán** spring water; fountain head; source

Ex:

～和	笑～	长～	松～	万～	清～	林～
Hé	Xiào	Cháng	Sōng	Wàn	Qīng	Lín

确 **Què** true; reliable; indeed

Ex:

文～	皋～	皇～	甫～	嘉～	～齐	～堂
Wén	Gāo	Huáng	Fǔ	Jiā	Qí	Táng

群 **Qún** crowd; group; the masses

Ex:

爱～	健～	建～	鸿～	敬～	策～	显～
Ài	Jiàn	Jiàn	Hóng	Jìng	Cè	Xiǎn

～英	～立	～才	～贤	～庚	～冈	～知
Yīng	Lì	Cái	Xián	Gēng	Gāng	Zhī

R

然 **Rán**　right; correct

Ex:　浩~　景~　君~　伯~　孝~　文~　思~
　　　Hào　Jǐng　Jūn　Bó　Xiào　Wén　Sī

人 **Rén**　human being; person; people

Ex:　~理　~佳　~冠　~杰　~俊　忠~　新~
　　　Lǐ　Jiā　Guān　Jié　Jùn　Zhōng　Xīn

仁 **Rén**　1. kindheartedness; humanity　2. merciful; benevolent

Ex:　存~　葆~　尚~　安~　守~　先~　谦~
　　　Cún　Bǎo　Shàng　Ān　Shǒu　Xiān　Qiān

任 **Rèn**　appoint; take up a job

Ex:　~先　~之　~冈　~祺　钦~　胜~　愉~
　　　Xiān　Zhī　Gāng　Qí　Qīn　Shèng　Yú

荣 **Róng**　1. grow luxuriantly; flourish　2. honour; glory

Ex:　光~　国~　木~　汉~　振~　~武　~照
　　　Guāng　Guó　Mù　Hàn　Zhèn　Wǔ　Zhào

容 F **Róng**　1. hold; contain　2. tolerate　3. appearance; looks
　　　4. permit; allow

Ex:　雅~　谦~　欢~　健~　俊~　月~　黛~
　　　Yǎ　Qiān　Huān　Jiàn　Jùn　Yuè　Dài

蓉 F **Róng**　lotus; cottonrose

Ex:　芙~　欣~　焕~　蕙~　佩~　春~　华~
　　　Fú　Xīn　Huàn　Huì　Pèi　Chūn　Huá

榕	Róng	smallfruited fig tree					
Ex:	~正	~亭	~盛	~茂	~堂	~壮	~柯
	Zhèng	Tíng	Shèng	Mào	Táng	Zhuàng	Kē

融	Róng	happy and harmonious; warm; on friendly terms					
Ex:	令~	和~	~昶	~恬	~泰	~悦	~浦
	Lìng	Hé	Chǎng	Tián	Tài	Yuè	Pǔ

柔 F	Róu	soft; gentle; tender; delicate; lovely					
Ex:	~盼	~景	~雯	~波	至~	端~	怡~
	Pàn	Jǐng	Wén	Bō	Zhì	Duān	Yí

如	Rú	like; as; if					
Ex:	~茵	~皋	~彦	~素	~梅	莲~	松~
	Yīn	Gāo	Yàn	Sù	Méi	Lián	Sōng
	裕~	满~	宽~	冰~	易~	东~	和~
	Yù	Mǎn	Kuān	Bīng	Yì	Dōng	Hé

蕊 F	Ruǐ	stamen or pistil					
Ex:	~思	晓~	新~	美~	香~	馨~	锦~
	Sī	Xiǎo	Xīn	Měi	Xiāng	Xīn	Jǐn

锐	Ruì	1. sharp; keen; acute 2. dash; drive					
Ex:	~正	~力	~务	~思	显~	赞~	原~
	Zhèng	Lì	Wù	Sī	Xiǎn	Zàn	Yuán

瑞	Ruì	auspicious; lucky					
Ex:	~满	~雪	~年	~远	~景	~容	~云
	Mǎn	Xuě	Nián	Yuǎn	Jǐng	Róng	Yún

睿	Ruì	wise and farsighted					
Ex:	~智	~远	~见	~彦	~明	~硕	~度
	Zhì	Yuǎn	Jiàn	Yàn	Míng	Shuò	Dù

润 Rùn

moist; smooth; sleek

Ex:

可~	长~	常~	~土	~山	~泽	~之
Kě	Cháng	Cháng	Tǔ	Shān	Zé	Zhī

若 Ruò

like; seem; if

Ex:

~兰	~莲	~纯	~昆	昭~	休~	昌~
Lán	Lián	Chún	Kūn	Zhāo	Xiū	Chāng

In olden China, it was common to see a clan-name displayed over the main doorway of a Chinese home. When the Chinese emigrated to Southeast Asia, they brought with them this tradition and one may still see some of these clan-names at the main entrances of the old residences in Singapore.

S

赛	**Sài**	1. match; game; competition; contest 2. be comparable to; surpass

	Ex:	～邦	～宾	～锦	～章	～雪	～君	～梅
		Bāng	Bīn	Jǐn	Zhāng	Xuě	Jūn	Méi

瑟 F	**Sè**	a musical instrument

	Ex:	秀～	玉～	素～	望～	～韵	～如	～松
		Xiù	Yù	Sù	Wàng	Yùn	Rú	Sōng

森	**Sēn**	forest; full of trees; multitudinous

	Ex:	木～	元～	景～	弘～	允～	嵩～	昌～
		Mù	Yuán	Jǐng	Hóng	Yǔn	Sōng	Chāng

莎 F	**Shā**	a type of grass

	Ex:	白～	丽～	江～	香～	冰～	爱～	艾～
		Bái	Lì	Jiāng	Xiāng	Bīng	Ài	Ài

杉	**Shān**	china fir

	Ex:	飒～	挺～	玉～	如～	修～	高～	秋～
		Sù	Tǐng	Yù	Rú	Xiū	Gāo	Qiū

珊 F	**Shān**	coral

	Ex:	～瑚	～瑛	静～	芸～	凤～	芳～	汶～
		Hú	Yīng	Jìng	Yún	Fèng	Fāng	Wén

山	**Shān**	hill; mountain

	Ex:	永～	松～	远～	南～	昆～	泰～	青～
		Yǒng	Sōng	Yuǎn	Nán	Kūn	Tài	Qīng

姍 F **Shān**   be slow in coming

Ex:　美～　佩～　容～　彬～　莲～　慧～　庄～
　　　　Měi　Pèi　Róng　Bīn　Lián　Huì　Zhuāng

闪 **Shǎn**   lightning; flash of light; twinkle; glimmer

Ex:　～光　～亮　～烁　～辉　～耀　～异　～明
　　　Guāng　Liàng　Shuò　Huī　Yào　Yì　Míng

善 **Shàn**   1. good; honest; kindhearted   2. goodwill; mercy

Ex:　崇～　进～　希～　唯～　思～　存～　守～
　　　Chóng　Jìn　Xī　Wéi　Sī　Cún　Shǒu

上 **Shàng**   upper; up; upward; forge ahead

Ex:　图～　力～　达～　向～　～德　～泽　～佑
　　　Tú　Lì　Dá　Xiàng　Dé　Zé　Yòu

尚 **Shàng**   esteem; value

Ex:　～贤　～义　～达　～诚　～恺　～芳　～宗
　　　Xián　Yì　Dá　Chéng　Kǎi　Fāng　Zōng

韶 **Sháo**   1. splendid; beautiful   2. beautiful springtime; glorious youth

Ex:　～光　～华　～洪　～和　～辉　～庆　～维
　　　Guāng　Huá　Hóng　Hé　Huī　Qìng　Wéi

少 **Shào**   young

Ex:　～华　～平　～英　～川　～珪　～怀　～通
　　　Huá　Píng　Yīng　Chuān　Guī　Huái　Tōng

绍 **Shào**   carry on; continue

Ex:　～棠　～葆　～华　～文　～永　～允　～惠
　　　Táng　Bǎo　Huá　Wén　Yǒng　Yǔn　Huì

申	**Shēn**	state; express; explain

Ex:

毓~	芸~	昌~	芳~	品~	津~	怡~
Yù	Yún	Chāng	Fāng	Pǐn	Jīn	Yí

绅ₘ	**Shēn**	gentry; gentleman

Ex:

经~	靖~	其~	范~	新~	斌~	丰~
Jīng	Jìng	Qí	Fàn	Xīn	Bīn	Fēng

深	**Shēn**	1. deep; heartfelt 2. deep feeling; degree of depth

Ex:

~泉	~津	~源	~厚	肇~	广~	远~
Quán	Jīn	Yuán	Hòu	Zhào	Guǎng	Yuǎn

慎	**Shèn**	careful; cautious

Ex:

~言	~思	~昌	~为	~择	从~	操~
Yán	Sī	Chāng	Wéi	Zé	Cóng	Cāo

升	**Shēng**	rise; hoist; go up; ascend

Ex:

~登	~辉	~和	~濂	旭~	东~	日~
Dēng	Huī	Hé	Lián	Xù	Dōng	Rì

红~	云~	方~	连~	增~	康~	焕~
Hóng	Yún	Fāng	Lián	Zēng	Kāng	Huàn

生	**Shēng**	1. grow 2. vitality 3. lively; vivid

Ex:

~泓	~和	~明	嘉~	惠~	新~	燕~
Hóng	Hé	Míng	Jiā	Huì	Xīn	Yàn

声	**Shēng**	1. sound 2. reputation

Ex:

~哲	~诚	~逸	~仲	~惠	允~	道~
Zhé	Chéng	Yì	Zhòng	Huì	Yǔn	Dào

圣	**Shèng**	sage; holy

Ex:

~先	~真	~仁	~宜	~绪	继~	化~
Xiān	Zhēn	Rén	Yí	Xù	Jì	Huà

胜 Shèng   victory; success

Ex: 庆~   常~   恒~   万~   连~   乐~   延~

      Qìng   Cháng   Héng   Wàn   Lián   Lè   Yán

盛 M Shèng
1. flourishing; prosperous; grand; magnificent
2. generosity

Ex: ~锦   ~谊   ~隆   明~   锡~   昌~   蔚~

      Jǐn   Yí   Lóng   Míng   Xī   Chāng   Wèi

诗 Shī   poetry; verse; poem

Ex: ~君   ~然   ~畅   ~趣   绿~   若~   乐~

      Jūn   Rán   Chàng   Qù   Lǜ   Ruò   Lè

施 Shī   execute; carry out; put to good use

Ex: ~宏   ~优   ~沃   ~满   ~永   ~平   ~惠

      Hóng   Yōu   Wò   Mǎn   Yǒng   Píng   Huì

石 Shí   stone; rock

Ex: 小~   基~   南~   玉~   钧~   ~柱   ~挥

      Xiǎo   Jī   Nán   Yù   Jūn   Zhù   Huī

时 Shí   time; times; age; days

Ex: ~禾   ~臻   ~新   ~祐   惜~   慕~   向~

      Hé   Zhēn   Xīn   Yòu   Xī   Mù   Xiàng

实 Shí   1. solid; true   2. reality; fact   3. fruit; seed

Ex: ~范   ~增   ~祺   ~惠   ~裕   ~禧   ~宽

      Fàn   Zēng   Qí   Huì   Yù   Xǐ   Kuān

史 Shǐ   history

Ex: ~良   ~惠   ~瑞   ~萃   ~申   ~韵   ~寒

      Liáng   Huì   Ruì   Cuì   Shēn   Yùn   Qiān

使	**Shǐ**	envoy; messenger						
	Ex:	～信	～季	～骞	～彦	～谊	～盟	～新
		Xìn	Jì	Qiān	Yàn	Yí	Méng	Xīn

始	**Shǐ**	begining; start						
	Ex:	～美	～凯	～荣	～赞	～沛	～林	～芳
		Měi	Kǎi	Róng	Zàn	Pèi	Lín	Fāng

士	**Shì**	bachelor; scholar; gentry						
	Ex:	安～	～元	～衡	～龙	～光	～廉	～宗
		Ān	Yuán	Héng	Lóng	Guāng	Lián	Zōng

仕	**Shì**	be an official; official career						
	Ex:	～季	～达	～珣	～景	～显	～恭	～秉
		Jì	Dá	Xún	Jǐng	Xiǎn	Gōng	Bǐng

世	**Shì**	from generation to generation; world						
	Ex:	～游	～英	～光	～凯	～锡	～文	～度
		Yóu	Yīng	Guāng	Kǎi	Xī	Wén	Dù

释	**Shì**	1. let go; be relieved of 2. release; set free						
	Ex:	～尘	～寂	～幸	～宥	～初	～恕	～霜
		Chén	Jì	Xìng	Yòu	Chū	Shù	Shuāng
		～颜	～愁	～蒙	～劳	～然	～宽	广～
		Yán	Chóu	Méng	Láo	Rán	Kuān	Guǎng

守	**Shǒu**	guard; keep watch						
	Ex:	～中	～谦	～治	～仁	～哲	～俊	～钦
		Zhōng	Qiān	Zhì	Rén	Zhé	Jùn	Qīn

首	**Shǒu**	1. head; leader 2. first						
	Ex:	～节	～安	～熙	～钟	～慈	～珣	～康
		Jié	Ān	Xī	Zhōng	Cí	Xún	Kāng

寿	**Shòu**	longevity; long life					
	Ex:	禄～ Lù	冠～ Guān	永～ Yǒng	延～ Yán	彰～ Zhāng	彭～ Péng	～仁 Rén

受	**Shòu**	receive; accept					
	Ex:	大～ Dà	咏～ Yǒng	～基 Jī	～堂 Táng	～福 Fú	～彦 Yàn	～亭 Tíng

授	**Shòu**	award; vest; confer; give; teach					
	Ex:	克～ Kè	胥～ Xù	～凤 Fèng	～孚 Fú	～阜 Fù	～甫 Fǔ	～勋 Xūn

书	**Shū**	1. write 2. book; document					
	Ex:	正～ Zhèng	翰～ Hàn	玉～ Yù	贵～ Guì	冠～ Guàn	重～ Zhòng	钧～ Jūn

抒	**Shū**	express; convey					
	Ex:	～林 Lín	～机 Jī	～诗 Shī	～槐 Huái	～煌 Huáng	～焕 Huàn	～新 Xīn

淑 F	**Shū**	kind and gentle; fair					
	Ex:	～卿 Qīng	～清 Qīng	～英 Yīng	～浣 Huàn	～湘 Xiāng	～仪 Yí	～娥 É

舒	**Shū**	1. stretch 2. easy; leisurely 3. unfold					
	Ex;	～坦 Tǎn	～娟 Juān	～怡 Yí	～慧 Huì	～眉 Méi	～心 Xīn	～志 Zhì
		～趣 Qù	～晖 Huī	～宏 Hóng	～文 Wén	～卷 Juàn	～云 Yún	～怀 Huái

曙	**Shǔ**	daybreak; dawn					
	Ex:	～曦 Xī	～亮 Liàng	～华 Huá	～云 Yún	～堂 Táng	～湘 Xiāng	～畅 Chàng

术	**Shù**	art; skill; technique					
	Ex:	风~	恒~	良~	坤~	芸~	望~	昌~
		Fēng	Héng	Liáng	Kūn	Yún	Wàng	Chāng

述	**Shù**	state; relate; narrate					
	Ex:	~成	~甫	~牧	~志	~仲	~忠	~敬
		Chéng	Fǔ	Mù	Zhì	Zhòng	Zhōng	Jìng

树	**Shù**	1. tree; plant 2. set up; establish					
	Ex:	宝~	玉~	伟~	锦~	~葳	~轩	~成
		Bǎo	Yù	Wěi	Jǐn	Wēi	Xuān	Chéng

竖	**Shù**	vertical; upright					
	Ex:	~帜	~实	~德	~鼎	~藩	~昭	~通
		Zhì	Shí	Dé	Dǐng	Fān	Zhāo	Tōng

恕	**Shù**	forgive; pardon; excuse					
	Ex:	~初	~元	~度	晓~	惠~	深~	允~
		Chū	Yuán	Dù	Xiǎo	Huì	Shēn	Yǔn

庶	**Shù**	multitudinous; numerous					
	Ex:	~智	~平	~尚	~思	~之	~泰	~望
		Zhì	Píng	Shàng	Sī	Zhī	Tài	Wàng
		~道	~康	~新	~英	~睦	~嘉	
		Dào	Kāng	Xīn	Yīng	Mù	Jiā	

澍	**Shù**	timely rain					
	Ex:	良~	时~	春~	望~	稼~	谷~	裕~
		Liáng	Shí	Chūn	Wàng	Jià	Gǔ	Yù

水	**Shuǐ**	water; river					
	Ex:	长~	春~	乐~	~浩	~智	~源	~良
		Cháng	Chūn	Lè	Hào	Zhì	Yuán	Liáng

顺 Shùn	smooth; unhindered; agreeable; easy; put in order

Ex:	～训	～治	～恭	～坦	～舟	～尧	～德
	Xùn	Zhì	Gōng	Tǎn	Zhōu	Yáo	Dé

舜 Shùn	the name of a legendary monarch in ancient China

Ex:	承～	英～	金～	继～	敬～	怀～	光～
	Chéng	Yīng	Jīn	Jì	Jìng	Huái	Guāng

烁 Shuò	bright; shining; twinkle

Ex:	永～	粲～	星～	光～	慧～	～辉	～华
	Yǒng	Càn	Xīng	Guāng	Huì	Huī	Huá

朔 Shuò	new moon

Ex:	～昌	～彰	～盛	～旺	～元	～裕	～豫
	Chāng	Zhāng	Shèng	Wàng	Yuán	Yù	Yù

硕 Shuò	1. large 2. rich fruits; great achievements

Ex:	昌～	秀～	萱～	庄～	～玉	～谷	～实
	Chāng	Xiù	Xuān	Zhuāng	Yù	Gǔ	Shí

丝 F Sī	silk

Ex:	蕙～	佩～	妙～	美～	碧～	锦～	金～
	Huì	Pèi	Miào	Měi	Bì	Jǐn	Jīn

思 Sī	think; consider; long for

Ex:	～光	～亮	～齐	～勉	～源	～潜	～然
	Guāng	Liàng	Qí	Miǎn	Yuán	Qián	Rán

四 Sì	four

Ex:	～海	～维	～向	～方	～术	～平	～极
	Hǎi	Wéi	Xiàng	Fāng	Shù	Píng	Jí

松_M **Sōng**   pine tree

Ex: ～林   ～山   ～坡   ～涛   ～原   ～柏   ～海

     Lín   Shān   Pō   Tāo   Yuán   Bò   Hǎi

嵩_M **Sōng**   1. high mountain 2. lofty

Ex: ～照   ～桢   ～凌   云～   幸～   玉～   伟～

     Zhào   Zhēng   Líng   Yún   Xìng   Yù   Wěi

宋   **Sòng**   the Song Dynasty

Ex: ～珩   ～平   ～顺   ～哲   ～同   ～章   ～至

     Héng   Píng   Shùn   Zhé   Tóng   Zhāng   Zhì

送   **Sòng**   1. a present 2. deliver; hand over

Ex: 天～   登～   以～   ～麟   ～英   ～澄   ～婷

     Tiān   Dēng   Yǐ   Lín   Yīng   Chéng   Tíng

颂   **Sòng**   1. praise; song 2. loud

Ex: ～庶   ～恩   ～义   ～安   ～光   ～康   ～学

     Shù   Ēn   Yì   Ān   Guāng   Kāng   Xué

       ～玉   ～濂   ～勤   祺～   宇～   庆～   景～

       Yù   Lián   Qín   Qí   Yǔ   Qìng   Jǐng

苏   **Sū**   revive; come to

Ex: 缦～   ～英   ～雨   ～生   ～昭   ～轩   ～慧

     Màn   Yīng   Yǔ   Shēng   Zhāo   Xuān   Huì

肃   **Sù**   respectful; solemn; serious

Ex: ～朝   ～敬   ～应   ～川   ～央   ～颖   ～易

     Cháo   Jìng   Yìng   Chuān   Yāng   Yǐng   Yì

素_F **Sù**   plain; quiet; simple

Ex: ～云   ～心   ～英   ～洁   ～珍   ～苑   ～婉

     Yún   Xīn   Yīng   Jié   Zhēn   Yuàn   Wǎn

粟	**Sù**	millet					
	Ex:	海～	永～	沧～	富～	延～	～洲	～茂
		Hǎi	Yǒng	Cāng	Fù	Yán	Zhōu	Mào

绥	**Suí**	1. peaceful 2. pacify					
	Ex:	永～	维～	相～	靖～	～辰	～滨	～增
		Yǒng	Wéi	Xiāng	Jìng	Chén	Bīn	Zēng

遂	**Suì**	satisfy; fulfil; succeed					
	Ex:	～志	～初	～深	～善	～启	顺～	广～
		Zhì	Chū	Shēn	Shàn	Qǐ	Shùn	Guǎng

穗	**Suì**	the ear of a grain					
	Ex:	～华	～广	～海	～州	美～	智～	满～
		Huá	Guǎng	Hǎi	Zhōu	Měi	Zhì	Mǎn
		长～	芝～	和～	金～	旺～	昌～	
		Cháng	Zhī	Hé	Jīn	Wàng	Chāng	

台 **Tái**	platform; stage

Ex:

念～	子～	始～	明～	少～	～青	～生
Niàn	Zǐ	Shǐ	Míng	Shào	Qīng	Shēng

太 **Tài**	highest; greatest; extremely

Ex:

～伯	～真	～白	～观	～光	～淳	～韬
Bó	Zhēn	Bái	Guān	Guāng	Chún	Tāo

泰 ₘ **Tài**	safe; peaceful; in good health

Ex:

国～	皋～	浩～	庄～	笙～	～来	～山
Gúo	Gāo	Hào	Zhuāng	Shēng	Lái	Shān

潭 **Tán**	deep pool; pond

Ex:

可～	光～	碧～	日～	青～	福～	禧～
Kě	Guāng	Bì	Rì	Qīng	Fú	Xǐ

坦 **Tǎn**	level; smooth; calm; open; candid

Ex:

东～	泰～	舒～	心～	登～	～程	～容
Dōng	Tài	Shū	Xīn	Dēng	Chéng	Róng

唐 **Táng**	the Tang Dynasty

Ex:

继～	期～	以～	孺～	观～	祉～	承～
Jì	Qī	Yǐ	Rǔ	Guān	Zhǐ	Chén

堂 ₘ **Táng**	grand; stately; beautiful and imposing; dignified

Ex:

锦～	玉～	松～	辛～	振～	益～	和～
Jǐn	Yù	Sōng	Xīn	Zhèn	Yì	Hé

棠 *Táng* Chinese bush cherry

Ex: 海~ 美~ 华~ 荣~ 庆~ 盛~ 棣~
Hǎi Měi Huá Róng Qìng Shèng Dì

涛ₘ *Tāo* great waves; terrifying crashing waves

Ex: 崇~ 洪~ 孟~ 仲~ 宪~ 镇~ 定~
Chóng Hóng Mèng Zhòng Xiàn Zhèn Dìng

桃ғ *Táo* peach

Ex: 春~ 玉~ 芳~ 琼~ ~源 ~溪 ~花
Chūn Yù Fāng Qióng Yuán Xī Huā

陶 *Táo* 1. happy and carefree 2. mould a person's temperament

Ex: ~冶 ~治 ~云 ~心 ~情 ~志 ~真
Yě Zhì Yún Xīn Qíng Zhì Zhēn

特 *Tè* special; particular; out of the ordinary

Ex: ~稔 ~任 ~仕 ~苒 ~勤 ~钦 ~芩
Rěn Rèn Shì Rǎn Qín Qīn Qín

腾ₘ *Téng* gallop; jump; prance

Ex: 远~ 高~ ~云 ~翘 ~飞 ~跃 ~蛟
Yuǎn Gāo Yún Qiáo Fēi Yào Jiāo

体 *Tǐ* 1. body; part of the body 2. personally do or experience something

Ex: ~仁 ~行 ~知 ~文 ~中 ~原 ~祥
Rén Xíng Zhī Wén Zhōng Yuán Xiáng

天 *Tiān* sky; heaven

Ex: ~庭 ~铭 ~锡 ~赐 ~恩 青~ 鹏~
Tíng Míng Xī Sì Ēn Qīng Péng

添 M **Tiān** add; increase

Ex: ～禄 ～恩 ～吉 ～祥 ～惠 ～庶 ～寿
Lù　En　Jí　Xiáng　Huì　Shù　Shòu

田 **Tián** field; farmland

Ex: 青～ 景～ 菁～ 茂～ 锦～ 奂～ 华～
Qīng　Jǐng　Jīng　Mào　Jǐn　Huàn　Huá

恬 F **Tián** quiet; tranquil; calm

Ex: ～妮 ～媛 ～玉 ～庄 ～静 ～云 ～霞
Ní　Yuán　Yù　Zhuāng　Jìng　Yún　Xiá

甜 F **Tián** sweet; honeyed

Ex: ～杏 ～娃 ～茵 ～樱 ～津 ～榛 ～韵
Xìng　Wá　Yīn　Yīng　Jīn　Zhēn　Yùn

铁 M **Tiě** iron; man of iron will

Ex: 铮～ 方～ ～镇 ～山 ～基 ～印 ～杉
Zhēng　Fāng　Zhèn　Shān　Jī　Yìn　Shān

廷 **Tíng** palace

Ex: ～炯 ～卷 ～珏 ～蝉 ～章 ～璧 凤～
Jiǒng　Juàn　Jué　Chán　Zhāng　Bì　Fèng

亭 **Tíng** pavilion

Ex: 文～ 雨～ 玉～ 丹～ 松～ 晚～ 月～
Wén　Yǔ　Yù　Dān　Sōng　Wǎn　Yuè

庭 **Tíng** front courtyard; front yard

Ex: 天～ 光～ 辉～ 浩～ 阳～ ～盛 ～松
Tiān　Guāng　Huī　Hào　Yáng　Shèng　Sōng

　　～美 ～满 ～康 ～佳 ～和 ～昌 ～泰
　　Měi　Mǎn　Kāng　Jiā　Hé　Chāng　Tài

104

婷 F	Tíng	graceful					
Ex:	乃～	曼～	婉～	静～	淑～	～文	～立
	Nǎi	Màn	Wǎn	Jìng	Shū	Wén	Lì

挺	Tǐng	1. straight; erect; tall and graceful 2. endure					
Ex:	～正	～秀	～枫	～桦	～修	～昌	～章
	Zhèng	Xiù	Fēng	Huá	Xiū	Chāng	Zhāng

通 M	Tōng	open; through; unobstructed; clear; easy and smooth					
Ex:	孝～	兆～	培～	大～	绵～	宏～	亦～
	Xiào	Zhào	Péi	Dà	Mián	Hóng	Yì

同	Tóng	same; alike; identical					
Ex:	纪～	大～	洛～	谊～	永～	释～	兆～
	Jì	Dà	Luò	Yì	Yǒng	Shì	Zhào

桐	Tóng	phoenix tree; tung tree					
Ex:	季～	朴～	学～	咏～	钟～	珩～	荣～
	Jì	Pǔ	Xué	Yǒng	Zhōng	Héng	Róng

统	Tǒng	1. all; together 2. unify; unite					
Ex:	～义	～璋	～绍	～博	～鉴	～徽	～珍
	Yì	Zhāng	Shào	Bó	Jiàn	Huī	Zhēn

图	Tú	1. picture; chart; map 2. plan; pursue					
Ex:	树～	鸿～	富～	雄～	～进	～志	～壮
	Shù	Hóng	Fù	Xióng	Jìn	Zhì	Zhuàng

团	Tuán	1. round; circular 2. reunion					
Ex:	锦～	灼～	经～	纬～	恕～	释～	仰～
	Jǐn	Zhuó	Jīng	Wěi	Shù	Shì	Yǎng

妥 Tuǒ proper; appropriate; well arranged

Ex:

安~	~立	~全	~泰	~平	~明	~诚
Ān	Lì	Quán	Tài	Píng	Míng	Chéng

~然	~贤	~祥	~文	稳~	~绥	~宽
Rán	Xián	Xiáng	Wén	Wěn	Suì	Kuān

拓 ꜰ Tuò open up; develop

Ex:

~野	~疆	~新	~源	~峰	~景	~道
Yě	Jiāng	Xīn	Yuán	Fēng	Jǐng	Dào

~成	~林	~盛	~之	~夫	~观	~广
Chéng	Lín	Shèng	Zhi	Fū	Guān	Guǎng

W

莞_F **Wǎn**   smile

Ex:

微~	温~	露~	欢~	~朗	~华	~容
Wēi	Wēn	Lù	Huān	Lǎng	Huá	Róng

婉_F **Wǎn**   gentle; gracious; beautiful; graceful; elegant; lovely

Ex:

豫~	燕~	静~	玉~	~华	~莲	~芳
Yù	Yàn	Jìng	Yù	Huá	Lián	Fāng

万_M **Wàn**   ten thousand; a very great number

Ex:

~全	~福	~昌	~昭	~春	~烨	~兴
Quán	Fú	Chāng	Zhāo	Chūn	Yè	Xīng

王   **Wáng**   1. king 2. grand; great

Ex:

海~	隆~	~幸	~凤	~河	~贤	~政
Hǎi	Lóng	Xīng	Fèng	Hé	Xián	Zhèng

旺   **Wàng**   prosperous; flourishing; vigorous

Ex:

~兴	~发	~余	庆~	顺~	阳~	来~
Xīng	Fā	Yú	Qìng	Shùn	Yáng	Lái

望   **Wàng**   1. look over; 2. hope; expect 3. reputation; prestige

Ex:

~初	~舜	~棣	~学	~祺	~青	~吉
Chū	Shùn	Dì	Xué	Qí	Qīng	Jí

威_M **Wēi**   impressive strength; power; might; majestic-looking

Ex:

~方	~豪	~公	~达	~长	~南	~平
Fāng	Háo	Gōng	Dá	Cháng	Nán	Píng

微 F **Wēi** 1. slight; tiny; small 2. smile

Ex: ～曦 ～娜 ～娇 ～瑛 ～雪 ～珍 ～婉
　　　 Xī　 Nà　 Jīao　 Yīng　 Xuě　 Zhēn　 Wǎn

薇 F **Wēi** rose

Ex: ～蕊 ～芯 ～苑 ～菡 ～苒 ～荃 ～芩
　　　 Rǔi　 Xīn　 Wǎn　 Hàn　 Rǎn　 Quán　 Qín

巍 M **Wēi** towering; lofty; majestic

Ex: ～然 ～迈 ～洛 ～象 轩～ 志～ 至～
　　　 Rán　 Mài　 Luò　 Xiàng　Xuān　 Zhì　 Zhì

为 **Wéi** do; act; act with daring

Ex: 大～ 焯～ 明～ 超～ 藩～ ～栋 ～经
　　　 Dà　 Zhuó　 Míng　 Chāo　 Fān　 Dòng　 Jīng

维 **Wéi** 1. tie up; hold together 2. thinking; thought
3. maintain; support

Ex: ～钧 ～绥 ～经 ～和 ～平 民～ 大～
　　　 Jūn　 Suí　 Jīng　 Hé　 Píng　 Mín　 Dà

伟 M **Wěi** big; great; magnificent; mighty

Ex: ～权 ～文 ～度 ～恒 ～齐 至～ 承～
　　　 Quán　 Wén　 Dù　 Héng　 Qí　 Zhì　 Chéng

纬 **Wěi** weft; parallel

Ex: 经～ 国～ 容～ 原～ 恭～ ～则 ～长
　　　 Jīng　 Guó　 Róng　 Yuán　 Gōng　 Zé　 Cháng

玮 **Wěi** 1. valuable; precious 2. rare treasure

Ex: 平～ 南～ 启～ ～珠 ～琇 ～咨 ～台
　　　 Píng　 Nán　 Qǐ　 Zhū　 Xiù　 Zī　 Tái

卫_M **Wèi**   defend; guard; protect

Ex: ~中 ~国 ~稷 ~汉 ~基 前~ 天~
    Zhōng   Guó   Jì   Hàn   Jī   Qián   Tiān

未   **Wèi**   future; approaching; next

Ex: ~辛 ~飒 ~若 ~央 ~艾 ~雨 ~济
    Xīn   Sà   Ruò   Yāng   Ài   Yǔ   Jì

位   **Wèi**   place; location

Ex: 正~ 南~ 叔~ 明~ 文~ 通~ ~平
    Zhèng   Nán   Shū   Míng   Wén   Tōng   Píng

蔚   **Wèi**   luxuriant; grand; sky blue

Ex: ~礼 ~风 ~敬 ~伦 ~先 玉~ 承~
    Lǐ   Fēng   Jìng   Lún   Xiān   Yù   Chéng

慰   **Wèi**   console; comfort

Ex: ~承 ~则 ~延 ~昶 ~凤 ~融 文~
    Chéng   Zé   Yán   Chǎng   Fèng   Róng   Wén

温   **Wēn**   warm; moderate; gentle and soft; gentle and cultivated

Ex: ~通 ~和 ~远 ~伟 ~舒 ~表 ~宛
    Tōng   Hé   Yuǎn   Wěi   Shū   Biǎo   Wǎn

文   **Wén**   elegant; refined; cultivated; suave

Ex: ~福 ~德 ~思 ~涓 ~授 景~ 为~
    Fú   Dé   Sī   Juān   Shòu   Jǐng   Wéi

稳   **Wěn**   1. steadily   2. firm; stable; safe; reliable; staid

Ex: ~稷 ~梁 ~量 ~良 ~健 ~竣 ~固
    Jì   Liáng   Liàng   Liáng   Jiàn   Jùn   Gù

沃	**Wò**	fertile; rich soil						
	Ex:	～水	～丰	～土	～疆	中～	春～	新～
		Shuǐ	Fēng	Tǔ	Jiāng	Zhōng	Chūn	Xīn

无	**Wú**	nothing; nil						
	Ex:	～瑕	～愁	～尘	～碌	～为	～疾	～戈
		Xiá	Chóu	Chén	Lù	Wéi	Jí	Gē

吾	**Wú**	I; we						
	Ex:	省～	涤～	处～	静～	悟～	舍～	冠～
		Xǐng	Dí	Chù	Jìng	Wù	Shě	Guān

梧ₘ	**Wú**	Chinese parasol						
	Ex:	亚～	荣～	炎～	经～	英～	孟～	学～
		Yà	Róng	Yàn	Jīng	Yīng	Mèng	Xué

武ₘ	**Wǔ**	military; armed might						
	Ex:	立～	继～	君～	宜～	祖～	绳～	克～
		Lì	Jì	Jūn	Yí	Zǔ	Shéng	Kè

务	**Wù**	affair; business						
	Ex:	～仲	～叔	～伯	～冲	～静	～晞	～统
		Zhòng	Shū	Bó	Chōng	Jìng	Xī	Tǒng

悟	**Wù**	realize; awaken						
	Ex:	～身	～思	～源	～绪	～牧	～节	～鸿
		Shēn	Sī	Yuán	Xù	Mù	Jié	Hóng
		～道	～空	～了	～然	洞～	顿～	知～
		Dào	Kōng	Liǎo	Rán	Dòng	Dùn	Zhī

X

西	Xī	west
	Ex:	自~ 泰~ ~稔 ~任 ~恺 ~钧 ~曼
		Zì Tài Rěn Rèn Kǎi Jūn Màn

希	Xī	1. rare; uncommon 2. hope; wish; expect
	Ex:	~光 ~圣 ~平 ~惠 ~廉 ~白 ~哲
		Guāng Shèng Píng Huì Lián Bái Zhé

惜	Xī	cherish; value highly; care for tenderly; treasure
	Ex:	~阴 ~真 ~景 ~重 ~恭 ~明 ~悟
		Yīn Zhēn Jǐng Zhòng Gōng Míng Wù

晞	Xī	the first light of day; daybreak
	Ex:	美~ 昭~ 彦~ 思~ 慕~ ~澄 ~照
		Měi Zhāo Yàn Sī Mù Chéng Zhào

悉	Xī	all; entirely
	Ex:	~明 ~奕 ~安 ~玄 ~敬 ~绰 ~润
		Míng Yì Ān Xuán Jìng Chuò Rùn

晰	Xī	clear; distinct
	Ex:	白~ 清~ 维~ 启~ 燮~ 兴~ 世~
		Bái Qīng Wéi Qǐ Xiè Xīng Shì

稀	Xī	rare; scarce; uncommon; unusual
	Ex:	~明 ~珍 ~英 ~久 ~玖 爱~ 新~
		Míng Zhēn Yīng Jiǔ Jiǔ Ài Xīn

犀 Xī sharp; incisive; trenchant

Ex: 香~ 芳~ 馥~ 远~ 溢~ 怡~ 思~
Xiāng Fāng Fù Yuǎn Yì Yí Sī

溪 Xī small stream; brook; rivulet

Ex: 花~ 清~ 谷~ 石~ 芳~ 乐~ 美~
Huā Qīng Gǔ Shí Fāng Lè Měi

锡 Xī tin

Ex: ~玉 ~金 ~贵 ~岳 ~泰 ~凤 ~珪
Yù Jīn Guì Yuè Tài Fèng Guī

熙 Xī 1. bright; sunny 2. prosperous 3. gay; merry

Ex: ~煦 ~庭 ~园 ~照 ~和 ~梧 ~之
Xù Tíng Yuán Zhào Hé Wú Zhī

熹 Xī dawn; brightness

Ex: ~迪 ~昆 ~丹 ~庄 ~云 ~铭 ~序
Dí Kūn Dān Zhuāng Yún Míng Xù

曦 Xī sunlight; early morning sunlight

Ex: ~辉 ~光 ~明 ~皋 ~霁 方~ 晨~
Huī Guāng Míng Gāo Jì Fāng Chén

玺 Xǐ imperial or royal seal

Ex: 尔~ 仲~ 玉~ 宝~ 禄~ ~璐 ~锟
Ěr Zhòng Yù Bǎo Lù Lù Kūn

喜 Xǐ 1. happy; delighted; pleased 2. like; love; be fond of

Ex: ~奎 ~原 ~田 ~雨 ~卉 光~ 凤~
Kuí Yuán Tián Yǔ Huì Guāng Fèng

禧 Xǐ   auspiciousness; happiness; jubilation

Ex: ～宸 ～慧 ～屏 ～缦 ～祥 ～彰 ～致
     Chén   Huì   Píng   Màn   Xiáng   Zhāng   Zhì

系 Xì   be anxious about; feel concerned about

Ex: ～国 ～祖 ～恩 ～汉 ～稷 ～邦 ～德
     Guó   Zǔ   Ēn   Hàn   Jì   Bāng   Dé

细 Xì   1. delicate; tender 2. exquisite; dainty 3. very small; tiny 4. careful; attentive

Ex: ～流 ～水 ～耘 ～淙 ～雨 ～芯 ～涓
     Liú   Shuǐ   Yún   Cóng   Yǔ   Xīn   Juān

侠 Xiá   having a strong sense of justice and ready to help the weak

Ex: 少～ 豪～ 义～ 颂～ 佩～ 沱～ 吉～
     Shào   Háo   Yì   Sòng   Pèi   Tuó   Jí

瑕 Xiá   flaw in a piece of jade

Ex: 无～ 碧～ 璧～ 白～ 拂～ 却～ 疾～
     Wú   Bì   Bì   Bái   Fú   Què   Jí

霞 Xiá   rosy clouds; morning or evening glow

Ex: ～客 ～天 朝～ 紫～ 云～ 红～ 彩～
     Kè   Tiān   Zhāo   Zǐ   Yún   Hóng   Cǎi

夏 Xià   1. summer 2. China

Ex: 元～ 崇～ 觐～ 冠～ 启～ 恭～ ～才
     Yuán   Chóng   Jìn   Guān   Qǐ   Gōng   Cái

仙 Xiān   celestial being; immortal

Ex: 韵～ ～阁 ～慧 ～月 ～郡 ～逸 ～洲
     Yùn   Gé   Huì   Yuè   Jùn   Yì   Zhōu

先 **Xiān**　1. earlier; before; first; in advance 2. guide; forerunner 3. vanguard 4. sage

Ex:　任〜　望〜　圣〜　道〜　〜杰　〜侠　〜璇
　　　Rèn　Wàng　Shèng　Dào　Jié　Xiá　Xuán

鲜 F **Xiān**　1. bright; bright-coloured 2. clear-cut; distinct

Ex:　〜明　〜亮　〜珠　〜朗　〜春　〜茴　〜莘
　　　Míng　Liàng　Zhū　Lǎng　Chūn　Huí　Shēn

贤 **Xián**　1. prominent personage 2. worthy 3. virtuous; able and virtuous; wise and able

Ex:　念〜　仰〜　俊〜　象〜　尚〜　绍〜　钦〜
　　　Niàn　Yǎng　Jùn　Xiàng　Shàng　Shào　Qīn

娴 F **Xián**　1. refined and gentle; elegant 2. adept; skilled

Ex:　景〜　长〜　文〜　采〜　〜娘　〜庄　〜明
　　　Jǐng　Cháng　Wén　Cǎi　Niáng　Zhuāng　Míng

显 **Xiǎn**　1. illustrious; celebrated 2. powerful and influential 3. notable; marked 4. obvious; manifest

Ex:　〜贵　〜能　〜冠　〜智　〜耀　〜杰　〜俊
　　　Guì　Néng　Guān　Zhì　Yào　Jié　Jùn

现 **Xiàn**　present; current; existing

Ex:　〜谊　〜同　〜容　〜成　〜中　〜东　〜通
　　　Yí　Tóng　Róng　Chéng　Zhōng　Dōng　Tōng

宪 **Xiàn**　1. statute 2. constitution

Ex:　家〜　问〜　中〜　效〜　维〜　德〜　向〜
　　　Jiā　Wèn　Zhōng　Xiào　Wéi　Dé　Xiàng

羡 **Xiàn**　admire; envy

Ex:　〜才　〜英　〜达　〜立　〜峰　〜辉　〜铭
　　　Cái　Yīng　Dá　Lì　Fēng　Huī　Míng

献 **Xiàn**	offer; present; donate; dedicate						
Ex:	瑞~	雅~	世~	悦~	崇~	靖~	冀~
	Ruì	Yǎ	Shì	Yuè	Chóng	Jìng	Jì

香 F **Xiāng**	1. fragrant; sweet-smelling 2. popular; welcome						
Ex:	~苓	~菱	~雪	~霏	~纯	~梓	~春
	Líng	Líng	Xuě	Fēi	Chún	Zǐ	Chūn

湘 **Xiāng**	name of a river						
Ex:	~纱	~秀	~江	~群	~京	~元	~余
	Shā	Xiù	Jiāng	Qún	Jīng	Yuán	Yú

襄 **Xiāng**	assist; help						
Ex:	~曜	~逸	~莹	~陵	~立	~达	~应
	Yào	Yì	Yíng	Líng	Lì	Dá	Yìng

祥 **Xiáng**	auspicious; propitious; lucky						
Ex:	麟~	~林	~云	~有	~勇	~豫	~珣
	Líng	Lín	Yún	Yǒu	Yǒng	Yù	Xún

翔 **Xiáng**	circle in the air						
Ex:	燕~	鹏~	凤~	雁~	鸿~	凌~	飞~
	Yàn	Péng	Fèng	Yàn	Hóng	Líng	Fēi

享 **Xiǎng**	enjoy						
Ex:	~成	~年	~学	~煦	~序	~晖	~闻
	Chéng	Nián	Xué	Xù	Xù	Huī	Wén

向 **Xiàng**	1. upward; up 2. sunny						
Ex:	~时	~岳	~葵	~龙	~周	~阳	~锦
	Shí	Yuè	Kuí	Lóng	Zhōu	Yáng	Jǐn
	~同	~全	~诚	~云	~庶	~辉	~宇
	Tóng	Quán	Chéng	Yún	Shù	Huī	Yǔ

相 **Xiàng** looks; appearance

Ex:

其~	文~	炜~	霆~	~彤	~吾	~瑞
Qí	Wén	Wěi	Tíng	Tóng	Wú	Ruì

~汉	~绅	~贤	~远	~庆	~生	~彬
Hàn	Shēn	Xián	Yuǎn	Qìng	Shēng	Bīn

骁ᴍ **Xiāo** brave; valiant

Ex:

~勇	~健	~骋	~盛	~远	~飞	~鸣
Yǒng	Jiàn	Chěng	Shèng	Yuǎn	Fēi	Míng

霄 **Xiāo** clouds; sky; heaven

Ex:

振~	凌~	云~	九~	青~	高~	冲~
Zhèn	Líng	Yún	Jiǔ	Qīng	Gāo	Chōng

小 **Xiǎo** 1. small; little; petty 2. young

Ex:

~辛	~乙	~甲	~倩	~东	~青	~红
Xīn	Yǐ	Jiǎ	Qiàn	Dōng	Qīng	Hóng

晓 **Xiǎo** dawn; daybreak

Ex:

~阳	~华	~盈	~乔	~欣	~章	~连
Yáng	Huá	Yíng	Qiáo	Xīn	Zhāng	Lián

筱 **Xiǎo** thin bamboo

Ex:

~逸	~敬	~悦	~慈	~肃	~远	~蕞
Yì	Jìng	Yuè	Cí	Sù	Yuǎn	Zuì

孝 **Xiào** filial piety

Ex:

~通	~甫	~直	~起	~先	~仁	~然
Tōng	Fǔ	Zhí	Qǐ	Xiān	Rén	Rán

笑 **Xiào** 1. smile; laugh 2. smiling expression

Ex:

~梅	~容	~仪	~月	~盈	~眉	~薇
Méi	Róng	Yí	Yuè	Yíng	Méi	Wēi

效	**Xiào**	imitate; follow the example of					
	Ex:	～辛	～绪	～训	～贤	～凤	～序	～纯
		Xīn	Xù	Xùn	Xián	Fèng	Xù	Chún

协	**Xié**	1. joint; combined 2. co-operation; co-ordination					
	Ex:	～成	～立	～幸	～和	～同	咏～	永～
		Chéng	Lì	Xìng	Hé	Tóng	Yǒng	Yǒng

谐	**Xié**	in harmony; in accord					
	Ex:	～乐	～朗	～祯	～运	～容	～宛	～逸
		Lè	Lǎng	Zhēng	Yùn	Róng	Wǎn	Yì

心	**Xīn**	heart; mind; feeling; intention					
	Ex:	素～	一～	文～	养～	莲～	～怡	～然
		Sù	Yī	Wén	Yǎng	Lián	Yí	Rán

欣	**Xīn**	glad; happy; joyful; flourishing					
	Ex:	～云	～荷	～悦	～雅	～喜	～愉	～莞
		Yún	Hé	Yuè	Yǎ	Xǐ	Yú	Wǎn

新	**Xīn**	new; fresh; up-to-date					
	Ex:	～权	～庆	～民	～时	～蕾	～春	～雅
		Quán	Qìng	Mín	Shí	Lěi	Chūn	Yǎ
		～竹	～晖	～贵	～元	立～	达～	日～
		Zhú	Huī	Guì	Yuán	Lì	Dá	Rì

馨	**Xīn**	strong and pervasive fragrance					
	Ex:	德～	仁～	～辉	～柔	～桂	～兰	～香
		Dé	Rén	Huī	Róu	Guì	Lán	Xiāng

信	**Xìn**	true; confidence; trust; faith					
	Ex:	～基	～臻	～致	～诚	～纲	～义	～仁
		Jī	Zhēn	Zhì	Chéng	Gāng	Yì	Rén

117

兴 M **Xīng**	1. prosperous; flourishing; thriving 2. rise; spring up; be on the upgrade						
Ex:	~隆	~盛	~业	~建	~浩	中~	纯~
	Lóng	Shèng	Yè	Jiàn	Hào	Zhōng	Chún

星 **Xīng**	star						
Ex:	蒙~	海~	晨~	慧~	金~	~华	~辉
	Méng	Hǎi	Chén	Huì	Jīn	Huá	Huī

行 **Xíng**	capable; competent						
Ex:	~骅	~骏	~汉	~度	~良	~实	~知
	Huá	Jùn	Hàn	Dù	Liáng	Shí	Zhī

型 **Xíng**	model; type; pattern						
Ex:	楷~	建~	果~	弘~	和~	~康	~侃
	Kǎi	Jiàn	Guǒ	Hóng	Hé	Kāng	Kǎn

省 **Xǐng**	examine oneself critically; examine one's thoughts and conduct						
Ex:	~身	~吾	~心	~志	~图	~意	三~
	Shēn	Wú	Xīn	Zhì	Tú	Yì	Sān

杏 F **Xìng**	apricot; almond						
Ex:	~玲	~甘	~美	~和	~靓	梅~	仁~
	Líng	Gān	Měi	Hé	Liàng	Méi	Rén

幸 **Xìng**	good fortune; well-being; blessing; good luck						
Ex:	~梧	~京	~英	~初	钦~	齐~	诚~
	Wú	Jīng	Yīng	Chū	Qīn	Qí	Chéng

雄 M **Xióng**	1. male 2. grand; imposing 3. powerful; mighty 4. hero						
Ex:	~高	~刚	~观	~伟	竞~	健~	亮~
	Gāo	Gāng	Guān	Wěi	Jìng	Jiàn	Liàng

修 **Xiū** 1. cultivate one's moral character 2. accomplishment; training; mastery

Ex: ～权 ～志 ～心 ～身 ～林 ～梧 ～雄
Quán Zhì Xīn Shēn Lín Wú Xióng

秀F **Xiù** 1. beautiful; handsome; pretty; graceful; elegant; delicate 2. excellent; first-rate

Ex: ～娴 ～慧 ～虞 ～常 ～琪 ～彬 ～庄
Xián Huì Yú Cháng Qí Bīn Zhuāng

胥M **Xū** all; each and every

Ex: ～全 ～成 ～果 ～庆 ～宽 ～琨 ～业
Quán Chéng Guǒ Qìng Kuān Kūn Yè

虚 **Xū** 1. void; emptiness 2. have a mind as open as a valley; be very modest; be extremely open-minded

Ex: ～白 ～清 ～怀 ～然 ～之 ～心 ～勤
Bái Qīng Huái Rán Zhī Xīn Qín

徐 **Xú** slowly; gently

Ex: ～风 ～来 ～清 ～香 ～兰 ～莲 ～秀
Fēng Lái Qīng Xiāng Lán Lián Xiù

许 **Xǔ** 1. praise; commend 2. promise; permit

Ex: ～远 ～源 ～泰 ～福 ～愉 ～豫 ～庆
Yuǎn Yuán Tài Fú Yú Yú Qìng

旭M **Xù** brilliance of the rising sun

Ex: ～阳 ～照 ～光 ～暖 ～华 ～红 ～耀
Yáng Zhào Guāng Nuǎn Huá Hóng Yào

绪 **Xù** 1. order in sequence or arrangement 2. main lines

Ex: ～成 ～立 ～美 ～志 ～达 启～ 开～
Chéng Lì Měi Zhì Dá Qǐ Kāi

续 Xù   1. continuous; successive 2. extend

Ex: ~志   ~学   ~成   ~业   ~勋   ~萱   ~添
   Zhì   Xué   Chéng   Yè   Xūn   Xuān   Tiān

煦 Xù   warm; balmy

Ex: ~春   ~丽   ~辉   ~晖   ~亮   ~光   ~灿
   Chūn   Lì   Huī   Huī   Liàng   Guāng   Càn

轩 M Xuān   1. high; lofty 2. dignified; imposing

Ex: ~梧   ~雄   ~志   ~高   ~扬   ~伟   ~飞
   Wú   Xióng   Zhì   Gāo   Yáng   Wěi   Fēi

   ~达   ~如   ~豪   ~才   昂~   安~   立~
   Dá   Rú   Háo   Cái   Áng   Ān   Lì

宣 Xuān   declare; announce

Ex: ~志   ~展   ~耀   ~华   ~青   ~兴   ~斐
   Zhì   Zhǎn   Yào   Huá   Qīng   Xīng   Fěi

玄 Xuán   mysterious; abstruse

Ex: ~禹   ~苑   ~秀   ~庄   ~岱   ~昌   ~杰
   Yǔ   Yuàn   Xiù   Zhuāng   Dài   Chāng   Jié

旋 Xuán   1. revolve; spin 2. return in triumph

Ex: 惠~   全~   大~   耀~   韶~   华~   殊~
   Huì   Quán   Dà   Yào   Sháo   Huá   Shū

选 Xuǎn   1. select; choose 2. elect

Ex: ~能   ~才   ~学   ~祚   ~菁   ~竣   ~浩
   Néng   Cái   Xué   Zuò   Jīng   Jùn   Hào

绚 Xuàn   gorgeous; splendid; magnificent

Ex: 家~   光~   翌~   广~   标~   超~   瑞~
   Jiā   Guāng   Yì   Guǎng   Biāo   Chāo   Ruì

学 **Xué**
1. study; learn 2. knowledge; scholar

Ex: ~华 ~文 ~勤 ~谦 ~笈 ~奘 ~宥
Huá Wén Qín Qiān Jí Zàng Yòu

雪 **Xuě**
1. snow 2. bright as snow; pure as snow

Ex: ~轩 ~梅 ~莉 ~明 ~颖 ~瑞 ~英
Xuān Meí Lì Míng Yǐng Ruì Yīng

勋 **Xūn**
1. meritorious 2. merit; achievement; contribution

Ex: 家~ 继~ 绍~ 维~ 永~ 奂~ 志~
Jiā Jì Shào Wéi Yǒng Huàn Zhì

循 **Xún**
follow; abide by

Ex: ~初 ~善 ~达 ~稼 ~靖 ~忠 ~基
Chū Shàn Dá Jià Jìng Zhōng Jī

训 **Xùn**
1. teach; lecture 2. standard; model; example

Ex: 奉~ 庭~ 宗~ 循~ 从~ 荐~ 知~
Fèng Tíng Zōng Xún Cóng Jiàn Zhī

迅 **Xùn**
fast; rapid; swift; speedy

Ex: ~荪 ~发 ~隆 ~鸿 ~克 ~生 ~利
Sūn Fā Lóng Hóng Kè Shēng Lì

~江 ~果 ~诤 ~葆 ~文 ~培 ~明
Jiāng Guǒ Zhèng Bǎo Wén Péi Míng

121

Y

雅 F	**Yǎ**	1. standard; proper; correct 2. refined; elegant					
	Ex:	~文 Wén	~英 Yīng	~娟 Juān	~珺 Jùn	~琪 Qí	~苓 Líng	~洛 Luò

亚	**Yà**	1. second 2. Asia					
	Ex:	~平 Píng	~成 Chéng	~台 Tái	~湘 Xiāng	~欣 Xīn	~津 Jīn	~玫 Méi

殷	**Yān**	blackish red					
	Ex:	~粟 Sù	~实 Shí	~硕 Shuò	~谷 Gǔ	~芒 Máng	~秀 Xiù	~良 Liáng

嫣 F	**Yān**	handsome; beautiful; bright red					
	Ex:	~红 Hóng	~莞 Wǎn	~容 Róng	~愉 Yú	~朗 Lǎng	~颜 Yán	~飞 Fēi

延	**Yán**	prolong; extend; protract; spread; continue					
	Ex:	~平 Píng	~柱 Zhù	~甫 Fǔ	~祥 Xiáng	~展 Zhǎn	~雄 Xióng	~亘 Gèn

言	**Yán**	speech; word					
	Ex:	~行 Xíng	~忠 Zhōng	~良 Liáng	~信 Xìn	~隽 Jùn	~永 Yǒng	~侃 Kǎn

严	**Yán**	strict; severe					
	Ex:	~真 Zhēn	~度 Dù	~奕 Yì	~燮 Xiè	~韦 Wěi	~捷 Jié	~泰 Tài

122

妍 F **Yán**   beautiful

Ex:

蓉~	锦~	盼~	钏~	翠~	玉~	眉~
Róng	Jǐn	Pàn	Chuàn	Cuì	Yù	Méi

炎 M **Yán**   scorching; blazing

Ex:

太~	秉~	丕~	集~	兹~	翱~	通~
Tài	Bǐng	Pī	Jí	Zī	Áo	Tōng

岩 **Yán**   rock

Ex:

红~	山~	高~	巍~	刚~	德~	峻~
Hóng	Shān	Gāo	Wēi	Gāng	Dé	Jùn

研 **Yán**   study; research

Ex:

~知	~玄	~恒	~则	~伦	~礼	~文
Zhī	Xuán	Héng	Zé	Lún	Lǐ	Wén

颜 F **Yán**   1. face 2. colour

Ex:

~开	~悦	~愉	~和	~莞	~朗	~蓉
Kāi	Yuè	Yú	Hé	Wǎn	Lǎng	Róng

演 **Yǎn**   develop; evolve; perform; act

Ex:

~孙	~云	~美	~循	~德	~列	~能
Sūn	Yún	Měi	Xún	Dé	Liè	Néng

彦 **Yàn**   a man of virtue and ability

Ex:

文~	~真	~士	~宏	~先	~夏	~方
Wén	Zhēn	Shì	Hóng	Xiān	Xià	Fāng
彬~	敬~	承~	知~	俊~	昌~	伟~
Bīn	Jìng	Chéng	Zhī	Jùn	Chāng	Wěi

晏 **Yàn**   ease and comfort

Ex:

~婉	~姗	~安	~枝	~思	~威	~扬
Wǎn	Shān	Ān	Zhī	Sī	Wēi	Yáng

艳 _F **Yàn** bright-coloured and beautiful; gorgeous

Ex: ～倩 ～珠 ～缨 ～珊 曼～ 冰～ 喜～
Qiàn Zhū Yīng Shān Màn Bīng Xǐ

焰 _M **Yàn** flame; blaze

Ex: 如～ 光～ 慧～ 新～ 红～ 明～ 乃～
Rú Guāng Huì Xīn Hóng Míng Nǎi

雁 **Yàn** wild goose

Ex: 秋～ 群～ 美～ 沙～ ～飞 ～鸣 ～声
Qiū Qún Měi Shā Fēi Míng Shēng

燕 _F **Yàn** swallow

Ex: ～翔 ～琬 ～淳 豫～ 乐～ 飞～ 羽～
Xiáng Wǎn Chún Yù Lè Fēi Yǔ

阳 _M **Yáng** 1. the sun 2. the masculine or positive principle in nature

Ex: 晓～ 旭～ 紫～ 东～ 耀～ 丽～ 艳～
Xiǎo Xù Zǐ Dōng Yào Lì Yàn

扬 **Yáng** 1. raise 2. spread; make known

Ex: ～华 ～彦 ～昭 ～汉 ～夏 ～岱 ～邵
Huá Yàn Zhāo Hàn Xià Dài Shào

洋 **Yáng** 1. vast 2. ocean

Ex: 汪～ 广～ 洪～ 立～ 盛～ 伟～ 远～
Wāng Guǎng Hóng Lì Shèng Wěi Yuǎn

仰 **Yǎng** 1. face upward 2. admire; respect; look up

Ex: ～成 ～光 ～安 ～仲 ～茂 ～世 ～基
Chéng Guāng Ān Zhòng Mào Shì Jī

124

养 **Yǎng** 1. support; provide for 2. raise; keep; grow

Ex: ～心   ～锐   ～知   ～生   ～优   ～士   ～丰
      Xīn   Ruì   Zhī   Shēng   Yōu   Shì   Fēng

尧 **Yáo** a legendary monarch in ancient China

Ex: 顺～   继～   奉～   敬～   ～政   ～英   ～民
      Shùn   Jì   Fèng   Jìng   Zhèng   Yīng   Mín

       ～卿   ～敏   ～士   ～晖   ～乐   ～圣   ～宗
       Qīng   Mǐn   Shì   Huī   Lè   Shèng   Zōng

遥 **Yáo** distant; remote; far away

Ex: ～岳   ～原   ～芫   ～拓   ～图   ～飞   ～骏
      Yuè   Yuán   Yuán   Tuò   Tú   Fēi   Jùn

窈 F **Yǎo** (of a woman) gentle and graceful

Ex: ～洋   ～娉   ～嫱   ～倩   ～秀   ～荷   ～曼
      Yáng   Pīng   Qiáng   Qiàn   Xiù   Hé   Màn

耀 M **Yào** 1. shine; illuminate; dazzle 2. honour; credit

Ex: 光～   祖～   景～   ～邦   ～伦   ～汉   ～华
      Guāng   Zǔ   Jǐng   Bāng   Lún   Hàn   Huá

野 **Yě** open country

Ex: ～峰   ～鹤   ～骢   ～峻   ～蒲   ～芒   ～芳
      Fēng   Hè   Cōng   Jùn   Pú   Máng   Fāng

业 **Yè** occupation; professional work

Ex: ～霖   ～友   ～千   ～宏   鸿～   兴～   成～
      Lín   Yǒu   Qiān   Hóng   Hóng   Xīng   Chéng

叶 **Yè** leaf

Ex: ～青   ～群   ～萱   ～茂   ～蓊   ～雯   ～蔚
      Qīng   Qún   Xuān   Mào   Wěng   Wén   Wèi

一 Yī	1. one 2. whole; all; throughout

Ex:

定~	南~	~意	~平	~心	~志	~雄
Dìng	Nán	Yì	Píng	Xīn	Zhì	Xióng

仪F Yí	appearance; bearing; looks

Ex:

~容	~丰	~粲	~华	~耀	乐~	慕~
Róng	Fēng	Càn	Huá	Yào	Lè	Mù

夷 Yí	smooth; safe

Ex:

~光	~瑗	~思	~薇	~辛	~欣	~苓
Guāng	Yuàn	Sī	Wēi	Xīn	Xīn	Líng

宜 Yí	suitable; appropriate; fitting; pleasant; delightful

Ex:

~人	~悦	~芯	~苑	~珍	~茵	恒~
Rén	Yuè	Xīn	Wǎn	Zhēn	Yīn	Héng

怡F Yí	happy; joyful; cheerful; contented

Ex:

~如	~蓉	~颜	~宛	~真	甘~	恬~
Rú	Róng	Yán	Wǎn	Zhēn	Gān	Tián

颐 Yí	1. check 2. keep fit; take care of oneself

Ex:

~和	~莞	~庄	~春	~顺	微~	婉~
Hé	Wǎn	Zhuāng	Chūn	Shùn	Wēi	Wǎn

以 Yǐ	1. use; take 2. according to 3. because 4. in order to

Ex:

~成	~天	~嵩	~粟	~勤	~霖	~亮
Chéng	Tiān	Sōng	Sù	Qín	Lín	Liàng

旖F Yǐ	charming and gentle

Ex:

~丽	~和	~松	~莲	~棣	君~	素~
Lì	Hé	Sōng	Lián	Dì	Jūn	Sù

义	Yì	1. justice; righteousness 2. human ties; relationship 3. meaning; significance						
	Ex:	~真	~举	~封	~公	~博	~成	方~
		Zhēn	Jǔ	Fēng	Gōng	Bó	Chéng	Fāng

忆	Yì	recall; recollect					
	Ex:	~华	~民	~贤	~群	~源	~哲	~亮
		Huá	Mín	Xián	Qún	Yuán	Zhé	Liàng

艺	Yì	1. skill 2. art					
	Ex:	~才	~人	~心	~达	~炽	多~	昌~
		Cái	Rén	Xīn	Dá	Chì	Duō	Chāng

异	Yì	1. different 2. surprise					
	Ex:	~才	~驹	~操	~珣	~宽	~怀	~英
		Cái	Jū	Cāo	Xún	Kuān	Huái	Yīng

诣	Yì	academic or technical attainments					
	Ex:	~堂	渊~	威~	灵~	思~	曼~	盛~
		Táng	Yuān	Wēi	Líng	Sī	Màn	Shèng

易	Yì	1. easy 2. amiable					
	Ex:	~润	~学	~工	~立	~耀	~为	~衡
		Rùn	Xué	Gōng	Lì	Yào	Wéi	Héng

奕	Yì	glowing with health and radiating vitality					
	Ex:	~诚	~真	~良	~峤	~尚	~贤	~师
		Chéng	Zhēn	Liáng	Qiáo	Shàng	Xián	Shī

益	Yì	1. benefit; profit; advantage 2. all the more; increase					
	Ex:	~文	~礼	~伦	~励	~武	~增	~显
		Wén	Lǐ	Lún	Lì	Wǔ	Zēng	Xiǎn

谊 Yì	friendship					
Ex:	～和	～民	～宣	～源	～慕	～曜	～藻
	Hé	Mín	Xuān	Yuán	Mù	Yào	Zǎo

逸 Yì	comfort and pleasure					
Ex:	～少	～民	～美	趣～	尚～	超～	希～
	Shào	Mín	Měi	Qù	Shàng	Chāo	Xī

溢 Yì	1. overflow; spill 2. excessive; 3. compliment					
Ex:	～华	～福	～祚	～询	～善	～仁	～德
	Huá	Fú	Zuò	Xún	Shàn	Rén	Dé

意 Yì	1. meaning; idea 2. suggestion; hint; trace					
Ex:	～石	～信	～骇	～邃	～达	德～	懿～
	Shí	Xìn	Hài	Suì	Dá	Dé	Yì

毅 Yì	1. firm; resolute 2. fortitude; willpower					
Ex:	万～	培～	桢～	厚～	成～	立～	～辉
	Wàn	Péi	Zhēn	Hòu	Chéng	Lì	Huī
	～果	～贵	～君	～威	～欣	～力	～全
	Guǒ	Guì	Jūn	Wēi	Xīn	Lì	Quán

翼 Yì	1. the wing of a bird 2. assist					
Ex:	展～	遂～	扬～	巡～	飞～	鹏～	～成
	Zhǎn	Suì	Yáng	Xún	Fēi	Péng	Chéng

音 Yīn	musical sound					
Ex:	～飞	～婉	～愉	～彬	～恬	～玲	～芸
	Fēi	Wǎn	Yú	Bīn	Tián	Líng	Yún

茵 F Yīn	a carpet of green grass					
Ex:	～梦	～宛	～湖	～燕	～豫	青～	幼～
	Mèng	Wǎn	Hú	Yàn	Yù	Qīng	Yòu

128

荫	Yīn	shade						
	Ex:	～培	～泽	～成	～佑	～广	～厦	～安
		Péi	Zé	Chéng	Yòu	Guǎng	Xià	Ān

殷	Yīn	1. ardent; eager 2. well-off; substantial						
	Ex:	～实	～果	～河	～硕	～蔚	～蓉	～祺
		Shí	Guǒ	Hé	Shuò	Wèi	Róng	Qí

寅	Yín	the period of the day from 3 a.m. to 5 a.m.						
	Ex:	～佐	～逸	～欧	～勇	～雍	～异	～威
		Zuǒ	Yì	Ōu	Yǒng	Yōng	Yì	Wēi

银	Yín	1. silver 2. relating to currency or money						
	Ex:	雅～	～燕	～飞	～辉	～波	～河	～月
		Yǎ	Yàn	Fēi	Huī	Bō	Hé	Yuè

隐	Yǐn	hidden from view; concealed						
	Ex:	～成	～民	～锐	～炫	～吾	～我	～知
		Chéng	Mín	Ruì	Xuàn	Wú	Wǒ	Zhī

印	Yìn	seal; stamp; print; engrave						
	Ex:	～仁	～亨	～辅	～逢	～保	～伯	～厚
		Rén	Hēng	Fǔ	Féng	Bǎo	Bó	Hòu

应	Yīng	1. answer; respond 2. agree; promise 3. should; ought						
	Ex:	～和	～宪	～贤	～喜	～滨	～屏	～霏
		Hé	Xiàn	Xián	Xǐ	Bīn	Píng	Fēi

英	Yīng	1. flower 2. hero 3. wise; brilliant						
	Ex:	～飒	～华	～玉	～本	～禹	～才	～冈
		Sà	Huá	Yù	Běn	Yǔ	Cái	Gāng

莺 F **Yīng** warbler; oriole

Ex:

飞~	春~	鸣~	彩~	玉~	翠~	妙~
Fēi	Chūn	Míng	Cǎi	Yù	Cuì	Miào

晓~	文~	柳~	君~	~飞	~至	~泉
Xiǎo	Wén	Liǔ	Jūn	Fēi	Zhì	Quán

樱 F **Yīng** cherry

Ex:

浣~	沅~	春~	漱~	白~	华~	嫣~
Huàn	Yuán	Chūn	Shù	Bái	Huá	Yān

膺 **Yīng** 1. breast 2. bear; receive

Ex:

~荣	~承	~任	~义	~表	~和	~泉
Róng	Chén	Rèn	Yì	Biǎo	Hé	Quán

鹰 **Yīng** hawk; eagle

Ex:

~展	~飞	~翔	吉~	雄~	刚~	金~
Zhǎn	Fēi	Xiáng	Jí	Xióng	Gāng	Jīn

迎 F **Yíng** welcome; receive; facing

Ex:

~紫	~春	~莞	~锦	~玉	~黛	~芳
Zǐ	Chūn	Wǎn	Jǐn	Yù	Dài	Fāng

盈 **Yíng** surplus; profit; be full of

Ex:

~莞	~朗	~满	~月	~知	~飞	~容
Wǎn	Lǎng	Mǎn	Yuè	Zhī	Fēi	Róng

莹 F **Yíng** 1. jade 2. lustrous and transparent like stone

Ex:

~洁	~光	~玉	~辉	~苔	晶~	通~
Jié	Guāng	Yù	Huī	Tái	Jīng	Tōng

滢 **Yíng** crystal clear

Ex:

~瑜	~清	~明	~珣	~琳	思~	中~
Yú	Qīng	Míng	Xún	Lín	Sī	Zhōng

颖 Yǐng   clever; bright; intelligent

Ex:

宗~	思~	少~	仲~	世~	文~	~光
Zōng	Sī	Shào	Zhòng	Shì	Wén	Guāng

~聪	~玲	~达	~通	~之	~淇	~丽
Cōng	Líng	Dá	Tōng	Zhī	Qí	Lì

映 Yìng   reflect; shine

Ex:

~真	~红	~霞	~华	~蓉	~月	~晖
Zhēn	Hóng	Xiá	Huá	Róng	Yuè	Huī

庸 Yōng   mediocre

Ex:

仁~	肇~	颐~	弘~	祺~	~平	~恒
Rén	Zhào	Yí	Hóng	Qí	Píng	Héng

雍 Yōng   elegant and poised

Ex:

元~	和~	祥~	庆~	~政	~煌	~容
Yuán	Hé	Xiáng	Qìng	Zhèng	Huáng	Róng

永 Yǒng   perpetually; forever; always

Ex:

~康	~智	~年	~龄	~真	~卓	~超
Kāng	Zhì	Nián	Líng	Zhēn	Zhuō	Chāo

勇 M Yǒng   brave; valiant; courageous

Ex:

~元	~宁	~成	~正	~刚	~达	~伦
Yuán	Níng	Chéng	Zhèng	Gāng	Dá	Lún

优 Yōu   excellent; high-class; first-rate; outstanding

Ex:

~雅	~生	~为	~先	~异	~越	~良
Yǎ	Shēng	Wéi	Xiān	Yì	Yuè	Liáng

友 Yǒu   friend

Ex:

~悦	~仁	~谅	~闻	~雯	~恕	~容
Yuè	Rén	Liàng	Wén	Wén	Shù	Róng

有 **Yǒu** have; possess

Ex: ～成 ～节 ～台 ～度 ～序 ～泰 ～宁
Chéng Jié Tái Dù Xù Tài Níng

幼 **Yòu** young; immature; naive

Ex: ～春 ～简 ～安 ～常 ～光 ～起 ～平
Chūn Jiǎn Ān Cháng Guāng Qǐ Píng

右 **Yòu** the right; the right side

Ex: ～和 ～燮 ～玄 ～静 ～侃 ～望 ～充
Hé Xiè Xuán Jìng Kǎn Wàng Chōng

余 **Yú** surplus; remaining; enough and to spare

Ex: ～宗 ～俭 ～化 ～才 ～直 ～修 ～伟
Zōng Jiǎn Huà Cái Zhí Xiū Wěi

愉 **Yú** pleased; happy; joyful; cheerful; delighted

Ex: ～景 ～心 ～志 ～夏 ～亮 ～劭 ～源
Jǐng Xīn Zhì Xià Liàng Shào Yuán

～膺 ～礼 元～ 梦～ 怀～ 粲～ 如～
Yīng Lǐ Yuán Mèng Huái Càn Rú

瑜 **Yú** fine jade

Ex: 皓～ 君～ 韦～ 文～ 绪～ 延～ ～宾
Hào Jūn Wěi Wén Xù Yán Bīn

宇 **Yǔ** space; universe; world; cosmos

Ex: ～生 ～平 ～盛 ～天 ～田 ～沃 ～原
Shēng Píng Shèng Tiān Tián Wò Yuán

羽 **Yǔ** feather

Ex: ～丰 ～润 ～华 ～满 ～成 ～佑 展～
Fēng Rùn Huá Mǎn Chéng Yòu Zhǎn

雨 Yǔ   rain

Ex: ～村   ～花   ～萍   ～岱   ～润   ～霁   甘～
Cūn   Huā   Píng   Dài   Rùn   Jì   Gān

禹 Yǔ   the reputed founder of the Xia Dynasty

Ex: 承～   慕～   望～   钦～   继～   英～   敬～
Chéng   Mù   Wàng   Qīn   Jì   Yīng   Jìng

玉 Yù   1. jade 2. pure; fair 3. handsome; beautiful

Ex: ～成   ～石   ～禅   ～苗   ～玺   晚～   赛～
Chéng   Shí   Shàn   Miáo   Xǐ   Wǎn   Sài

郁 Yù   strongly fragrant

Ex: ～浓   ～香   ～瑞   ～乡   ～芗   飒～   洒～
Nóng   Xiāng   Ruì   Xiāng   Xiāng   Sà   Sǎ

域 Yù   1. land within certain boundaries; territory; region 2. field

Ex: 正～   望～   祥～   康～   方～   椿～   庆～
Zhèng   Wàng   Xiáng   Kāng   Fāng   Chūn   Qìng

裕 Yù   abundant; plentiful

Ex: ～之   ～胜   ～延   ～春   ～舒   ～华   长～
Zhī   Shèng   Yán   Chūn   Shū   Huá   Cháng

誉 Yù   reputation; fame

Ex: 美～   高～   斌～   立～   隆～   贺～   德～
Měi   Gāo   Bīn   Lì   Lóng   Hè   Dé

渊 Yuān   1. broad and profound 2. deep; erudite

Ex: 知～   博～   慈～   瑀～   皓～   ～修   ～亮
Zhī   Bó   Cí   Yǔ   Hào   Xiū   Liàng

元	Yuán	1. first; primary 2. chief; principal 3. basic; fundamental

Ex:

～叔	～伯	～流	～礼	～才	～节	～伟
Shū	Bó	Liú	Lǐ	Cái	Jié	Wěi

原	Yuán	primary; original; former

Ex:

～立	～隽	～骏	～钧	～举	～昌	～盛
Lì	Jùn	Jùn	Jūn	Jǔ	Chāng	Shèng

圆	Yuán	1. round; circular 2. satisfactory

Ex:

～通	～全	～健	～壮	～朗	～隽	～润
Tōng	Quán	Jiàn	Zhuàng	Lǎng	Jùn	Rùn

源	Yuán	1. source; fountainhead 2. continuously

Ex:

金～	满～	霖～	亮～	良～	弥～	绵～
Jīn	Mǎn	Lín	Liàng	Liáng	Mí	Mián

缘	Yuán	1. reason 2. predestined relationship

Ex:

韶～	佳～	澍～	天～	恬～	丽～	广～
Sháo	Jiā	Shù	Tiān	Tián	Lì	Guǎng
永～	方～	玉～	长～	吉～	兆～	美～
Yǒng	Fāng	Yù	Cháng	Jí	Zhào	Měi

远	Yuǎn	far; distant; remote; long-range

Ex:

～才	～腾	～志	～图	～翔	～飞	～高
Cái	Téng	Zhì	Tú	Xiáng	Fēi	Gāo

愿	Yuàn	wish; desire; aspiration

Ex:

～鉴	～谏	～培	～沛	～世	～仁	～庶
Jiàn	Jiàn	Péi	Pèi	Shì	Rén	Shù

月	Yuè	the moon

Ex:

～飞	～盈	～华	巧～	明～	姣～	皓～
Fēi	Yíng	Huá	Qiǎo	Míng	Jiǎo	Hào

岳	**Yuè**	high mountain					
	Ex:	～安	～衡	～群	～恒	～贤	～廉	～文
		Ān	Héng	Qún	Héng	Xián	Lián	Wén

悦	**Yuè**	happy; pleased; delighted					
	Ex:	诚～	笃～	可～	长～	～灵	～明	～敏
		Chéng	Dǔ	Kě	Cháng	Líng	Míng	Mǐn
		～英	～兰	～新	～人	～君	～对	～群
		Yīng	Lán	Xīn	Rén	Jūn	Shí	Qún

越	**Yuè**	get over; exceed; overstep				
	Ex:	～山	～捷	～伟	～度	永～	英～	秉～
		Shān	Jié	Wěi	Dù	Yǒng	Yīng	Bǐng

云	**Yún**	cloud					
	Ex:	庆～	～康	～蕃	～绍	～良	～泰	～朗
		Qìng	Kāng	Fān	Shào	Liáng	Tài	Lǎng

芸	**Yún**	all living things; all mortal beings				
	Ex:	攻～	树～	济～	泽～	哲～	～莲	～菱
		Gōng	Shù	Jì	Zé	Zhé	Lián	Líng

耘	**Yún**	weed					
	Ex:	翌～	乐～	祥～	进～	笔～	思～	哲～
		Yì	Lè	Xiáng	Jìn	Bǐ	Sī	Zhé

允	**Yǔn**	1. permit; allow 2. fair; just				
	Ex:	～南	～志	～恭	～周	～诚	～信	～当
		Nán	Zhì	Gōng	Zhōu	Chéng	Xìn	Dāng

运	**Yùn**	1. motion; movement 2. fortune; luck; fate				
	Ex:	～雄	～华	～贤	～才	昌～	尧～	永～
		Xióng	Huá	Xián	Cái	Chāng	Yáo	Yǒng

Z

再 **Zài**   another time; again; once more

Ex:

～润	～谊	～奕	～坤	～炎	～铭	～祯
Rùn	Yì	Yì	Kūn	Yàn	Míng	Zhēn

在 **Zài**   exist; be living

Ex:

～卢	～谷	～中	～硕	～思	～荣	～勋
Lú	Gǔ	Zhōng	Shuò	Sī	Róng	Xūn

赞 **Zàn**   1. support; favour; assist; agree with 2. praise; commend

Ex:

宣～	绪～	启～	胥～	纪～	倪～	贺～
Xuān	Xù	Qǐ	Xū	Jì	Ní	Hè

则 **Zé**   standard; rule; regulation

Ex:

～平	～丹	～东	～本	～生	～同	～先
Píng	Dān	Dōng	Běn	Shēng	Tóng	Xiān

泽 **Zé**   1. moist 2. gloss; colour and lustre

Ex:

～玲	～惠	～霖	～明	～民	润～	永～
Líng	Huì	Lín	Míng	Mín	Rùn	Yǒng

责 **Zé**   1. duty; responsibility 2. demand; require

Ex:

～成	～宪	～笃	～操	～穆	～耘	～淦
Chéng	Xiàn	Dǔ	Cāo	Mù	Yún	Gàn

增 **Zēng**   increase; gain; add

Ex:

绥～	祥～	～黍	～祐	～辉	～甫	～裕
Suí	Xiáng	Shǔ	Yòu	Huī	Fǔ	Yù

展 Zhǎn   spread the wings; get ready for flight; look into the distance

Ex: 文~ 鸿~ 鹏~ ~雄 ~志 ~图 ~怀
Wén   Hóng   Péng   Xióng   Zhì   Tú   Huái

章ₘ Zhāng   1. article; chapter; section 2. rule

Ex: 文~ 玉~ 翰~ 明~ 贤~ 奕~ 鸿~
Wén   Yù   Hàn   Míng   Xián   Yì   Hóng

璋ₘ Zhāng   a jade tablet

Ex: 瑞~ 端~ 玄~ 萱~ 学~ 智~ 敏~
Ruì   Duān   Xuán   Xuān   Xué   Zhì   Mǐn

朝 Zhāo   early morning; spirit; vigour

Ex: 熙~ 辰~ 思~ 英~ 建~ 旭~ 光~
Xī   Chén   Sī   Yīng   Jiàn   Xù   Guāng

昭 Zhāo   clear; obvious

Ex: ~明 ~扬 ~洋 ~煌 ~昶 ~永 ~春
Míng   Yáng   Yáng   Huáng   Chǎng   Yǒng   Chūn

兆 Zhào   1. sign; omen; portent 2. billion

Ex: 瑞~ 广~ 德~ 贺~ 贵~ 隆~ 筠~
Ruì   Guǎng   Dé   Hè   Guì   Lóng   Yún

照 Zhào   shine; light up; illuminate

Ex: 以~ 高~ 幸~ 通~ 凌~ ~明 ~晖
Yǐ   Gāo   Xìng   Tōng   Líng   Míng   Huī

肇ₘ Zhào   start; commence; initiate

Ex: ~成 ~昌 ~祥 ~福 ~裕 ~善 ~良
Chéng   Chāng   Xiáng   Fú   Yù   Shàn   Liáng

137

哲 Zhé   1. wise 2. sage; philosopher

Ex: 俊~ 钦~ 乃~ 睿~ 闰~ ~民 ~之
       Jùn Qīn Nǎi Ruì Rùn Mín Zhī

珍 Zhēn   1. treasure; precious; valuable; 2. love dearly

Ex: 宝~ 琦~ 晶~ 莹~ 华~ ~贝 ~慰
       Bǎo Qí Jīng Yíng Huá Bèi Wèi

祯 Zhēn   auspicious; propitious

Ex: ~祥 ~琳 泰~ 惠~ 鸿~ 瑞~ 吉~
       Xiáng Lín Tài Huì Hóng Ruì Jí

桢 Zhēn   hardwood

Ex: 启~ 宜~ 贺~ 超~ 奇~ 博~ 春~
       Qǐ Yí Hè Chāo Qí Bó Chūn

真 Zhēn   true; real; genuine

Ex: 毓~ 赛~ 桂~ 蜀~ 又~ 嘉~ 珮~
       Yù Sài Guì Shǔ Yòu Jiā Pèi

       ~荣 ~如 ~元 ~奕 ~绮 ~萱 ~知
       Róng Rú Yuán Yì Qǐ Xuān Zhī

臻 Zhēn   attain a high level

Ex: ~美 ~全 ~洋 ~广 ~绥 ~彦 ~鸿
       Měi Quán Yáng Guǎng Suí Yàn Hóng

振 Zhèn   rouse oneself; develop vigorously

Ex: ~翼 ~霄 ~球 ~宇 ~邦 ~声 ~扬
       Yì Xiāo Qiú Yǔ Bāng Shēng Yáng

震 M Zhèn   shake; shock; vibrate

Ex: 雷~ 光~ ~穹 ~黍 ~宇 ~寰 ~球
       Léi Guāng Qióng Shǔ Yǔ Huán Qiú

镇 **Zhèn** calm; cool; show composure and presence

Ex: 国～ 荣～ ～涛 ～城 ～道 ～宙 ～刚
Guó Róng Tāo Chéng Dào Zhòu Gāng

正 **Zhēng** straight; upright; honest; aboveboard

Ex: 中～ 衡～ ～叔 ～明 ～南 ～平 ～礼
Zhōng Héng Shū Míng Nán Píng Lǐ

铮 **Zhēng** clank; clang

Ex: 又～ 美～ 婉～ 琦～ 华～ 铭～ 彬～
Yòu Měi Wǎn Qí Huá Míng Bīn

政 **Zhèng** politics

Ex: ～和 ～广 ～遂 ～昌 ～顺 ～明 ～绥
Hé Guǎng Suì Chāng Shùn Míng Suí

之 **Zhī** a substitute for 'person' or 'thing' and used in the objective case

Ex: 然～ 蔓～ 慕～ 悦～ 翔～ 佩～ 仰～
Rán Màn Mù Yuè Xiáng Pèi Yǎng

芝 F **Zhī** irises and orchids

Ex: ～兰 ～芳 ～蕙 ～华 荃～ 琼～ 景～
Lán Fāng Huì Huá Quán Qióng Jǐng

知 **Zhī** 1. know; realize; be aware of 2. knowledge

Ex: ～慎 ～彬 ～勉 ～恩 ～训 ～悟 ～省
Shèn Bīn Miǎn Ēn Xùn Wù Xǐng

直 **Zhí** 1. straight; vertical 2. just; upright 3. frank; straightforward

Ex: 述～ 正～ 挺～ ～峰 ～广 ～中 ～理
Shù Zhèng Tǐng Fēng Guǎng Zhōng Lǐ

139

志 Zhì   1. will; aspiration; ideal 2. keep in mind

Ex: 壮~   遂~   ~铄   ~文   ~明   ~炜   ~侠
Zhuàng   Suì   Shuò   Wén   Míng   Wěi   Xiá

治 Zhì   rule; govern; administer; manage

Ex: ~中   ~华   ~汉   ~棠   ~蜀   文~   长~
Zhōng   Huá   Hàn   Táng   Shǔ   Wén   Cháng

质 Zhì   nature; charactar

Ex: ~重   ~仲   ~承   ~甫   ~坚   ~昌   ~康
Zhòng   Zhòng   Chéng   Fǔ   Jiān   Chāng   Kāng

致 Zhì   send; extend; deliver

Ex: ~中   ~宾   ~嘉   ~浩   ~棠   ~轩   ~舫
Zhōng   Bīn   Jiā   Hào   Táng   Xuān   Fǎng

挚 Zhì   sincere; earnest

Ex: ~迪   ~诚   ~淳   ~亮   ~昭   ~宽   ~奕
Dí   Chéng   Chún   Liàng   Zhāo   Kuān   Yì

~殷   ~真   ~宜   长~   晴~   永~   友~
Yīn   Zhēn   Yí   Cháng   Qíng   Yǒng   Yǒu

智 Zhì   wisdom; intelligence

Ex: ~瑜   ~喜   ~衡   ~恒   ~泉   ~洪   ~亮
Yú   Xǐ   Héng   Héng   Quán   Hóng   Liàng

稚 Zhì   1. child 2. childish; young

Ex: ~瑛   ~游   ~珪   ~通   ~卿   ~川   ~裴
Yīng   Yóu   Guī   Tōng   Qīng   Chuān   Péi

中 Zhōng   1. centre; middle 2. China

Ex: 思~   识~   ~令   ~初   ~曼   ~茂   ~巨
Sī   Shí   Lìng   Chū   Màn   Mào   Jù

140

忠	**Zhōng**	loyal; devoted; honest; faithful; true					
	Ex:	维~	伟~	威~	世~	永~	长~	玄~
		Wéi	Wěi	Wēi	Shì	Yǒng	Cháng	Xuán

仲	**Zhòng**	second in order of birth					
	Ex:	~明	~宾	~民	~倩	~彦	~孔	~景
		Míng	Bīn	Mín	Qiàn	Yàn	Kǒng	Jǐng

重	**Zhòng**	1. weight 2. heavy; important; great; major					
	Ex:	~平	~全	~梧	~志	~知	~则	~实
		Píng	Quán	Wú	Zhì	Zhī	Zé	Shí

舟	**Zhōu**	boat					
	Ex:	仙~	靖~	顺~	平~	裕~	方~	晓~
		Xiān	Jìng	Shùn	Píng	Yù	Fāng	Xiǎo

洲	**Zhōu**	continent					
	Ex:	岚~	荪~	沙~	韶~	瑞~	禄~	绿~
		Lán	Sūn	Shā	Sháo	Ruì	Lù	Lǜ
		澍~	雨~	惠~	逸~	花~	芳~	东~
		Shù	Yǔ	Huì	Yì	Huā	Fāng	Dōng

宙	**Zhòu**	space; universe; world; cosmos					
	Ex:	~风	~云	~度	~兹	震~	振~	镇~
		Fēng	Yún	Dù	Zī	Zhèn	Zhèn	Zhèn

珠 F	**Zhū**	pearl; jewel					
	Ex:	丽~	瑞~	睿~	~遂	~心	~慈	~惠
		Lì	Ruì	Ruì	Suì	Xīn	Cí	Huì

竹	**Zhú**	bamboo					
	Ex:	~林	~溪	~青	~坚	~贞	~芳	清~
		Lín	Xī	Qīng	Jiān	Zhēn	Fāng	Qīng

主 Zhǔ 1. host 2. main; primary

Ex: 　～壬　　～葵　　～夏　　～华　　～淳　　～涛　　～坚
　　　　Rèn　　Kuí　　Xià　　Huá　　Chún　　Tāo　　Jiān

助 Zhù help; assist; aid

Ex: 　福～　　天～　　立～　　友～　　连～　　力～　　善～
　　　　Fú　　Tiān　　Lì　　Yǒu　　Lián　　Lì　　Shàn

祝 Zhù express good wishes; congratulate

Ex: 　～恒　　～壮　　～善　　～钧　　～颂　　～杰　　～鸿
　　　　Héng　Zhuàng　Shàn　　Jūn　　Sòng　　Jié　　Hóng

柱ₘ Zhù 1. post; pillar; column 2. upright

Ex: 　国～　　家～　　宗～　　汉～　　鼎～　　～材　　～梁
　　　　Guó　　Jiā　　Zōng　　Hàn　　Dǐng　　Cái　　Liáng

铸 Zhù casting; founding

Ex: 　～宇　　～捷　　～功　　～勋　　～昌　　～孚　　～阜
　　　　Yǔ　　Jié　　Gōng　　Xūn　　Chāng　　Fú　　Fù

专 Zhuān 1. focused on one thing; special; 2. expert

Ex: 　学～　　咸～　　钧～　　秉～　　博～　　达～　　瑞～
　　　　Xué　　Xián　　Jūn　　Bǐng　　Bó　　Dá　　Ruì

庄 Zhuāng 1. serious; grave 2. manor

Ex: 　谐～　　素～　　寅～　　崇～　　～启　　～由　　～卿
　　　　Xié　　Sù　　Yín　　Chóng　　Qǐ　　Yóu　　Qīng

　　　字～　　伟～　　明～　　绍～　　坦～　　平～　　凌～
　　　　Yǔ　　Wěi　　Míng　　Shào　　Tǎn　　Píng　　Líng

壮ₘ Zhuàng 1. strong; robust 2. grow in strength

Ex: 　～云　　～田　　～理　　～羽　　～怀　　～容　　～思
　　　　Yún　　Tián　　Lǐ　　Yǔ　　Huái　　Róng　　Sī

卓	**Zhuō**	1. tall and erect 2. stand upright 3. outstanding; brilliant						
	Ex:	～见	～凡	～常	～才	～智	～然	～之
		Jiàn	Fán	Cháng	Cái	Zhì	Rán	Zhī

灼	**Zhuó**	bright; luminous						
	Ex:	～知	～资	～明	～慧	～昇	～奕	～辉
		Zhī	Zī	Míng	Huì	Yì	Yì	Huī

茁	**Zhuó**	healthy and strong						
	Ex:	～壮	～盛	～生	～茂	～葳	～萌	～荣
		Zhuàng	Shèng	Shēng	Mào	Wēi	Méng	Róng

孜	**Zī**	diligent; industrious; hardworking						
	Ex:	～勤	～玄	～贤	～祺	～裕	～杰	～进
		Qín	Xuán	Xián	Qí	Yù	Jié	Jìn

姿 F	**Zī**	looks; appearance						
	Ex:	静～	绰～	丰～	凤～	采～	玉～	美～
		Jìng	Chuò	Fēng	Fèng	Cǎi	Yù	Měi

资	**Zī**	endowment; natural ability						
	Ex:	～颖	～慧	～赋	～厚	～融	～亮	～芸
		Yǐng	Huì	Fù	Hòu	Róng	Liàng	Yún
		～约	～田	～瑜	～生	灼～	文～	可～
		Yuè	Tián	Yú	Shēng	Zhuó	Wén	Kě

紫	**Zǐ**	purple; violet						
	Ex:	～成	～全	～金	～壮	～阳	～霞	～东
		Chéng	Quán	Jīn	Zhuàng	Yáng	Xiá	Dōng

子	**Zǐ**	1. son; child 2. person; male person						
	Ex:	～中	～仲	～牙	～玉	～云	～余	～夏
		Zhōng	Zhòng	Yá	Yù	Yún	Yú	Xià

琢	Zuó	1. chisel; carve 2. improve; polish; refine

	Ex:	～玉	～思	～颖	～琪	～景	～器	～超
		Yù	Sī	Yǐng	Qí	Jǐng	Qì	Chāo

宗	Zōng	ancestor; model; principal aim

	Ex:	～文	～祥	～瑞	～棠	～麟	成～	鼎～
		Wén	Xiáng	Ruì	Táng	Lín	Chéng	Dǐng

棕	Zōng	palm

	Ex:	～美	～园	～盛	～华	～庆	茂～	丰～
		Měi	Yuán	Shèng	Huá	Qìng	Mào	Fēng

祖	Zǔ	the earliest ancestor

	Ex:	～尧	～康	～平	～继	～海	～源	～明
		Yáo	Kāng	Píng	Jì	Hǎi	Yuán	Míng

左	Zuǒ	the left; the left side

	Ex:	～经	～武	～伟	～愚	～俊	～粹	～枢
		Jīng	Wǔ	Wěi	Yú	Jùn	Cuì	Shū

佐	Zuǒ	assist

	Ex:	～鸿	～寅	～进	～化	～友	～民	～同
		Hóng	Yín	Jìn	Huà	Yǒu	Mín	Tóng
		～夏	～任	～华	～扬	～廷	～惠	～望
		Xià	Rèn	Huá	Yáng	Tíng	Huì	Wàng

YOUR NAME
AND YOUR ANIMAL SIGN

In the western school of astrology the twelve animals or symbols correspond to the twelve constellations of the zodiac and each of these rules a period of roughly one month. In the Chinese system, too, there are twelve animals, but each is assigned to one complete year. The twelve animals in turn form a twelve-year cycle. The Chinese astrology which centres around the moon has a history dating as far back as the 16th century B.C.

According to a legend, when heaven and earth were first created, Buddha one day summoned all the animals to come before him but only twelve among the tens of thousands of species responded. As a reward for their obedience, Buddha named a year after each of the animals according to the order of their arrival and they formed the twelve animal signs which are also known as the twelve celestial stems.

The lineup of the animals and the years (from 1900 to 1995) they are assigned to are as follows:

Rat	1912	1924	1936	1948	1960	1972	1984	1996
Ox	1913	1925	1937	1949	1961	1973	1985	1997
Tiger	1914	1926	1938	1950	1962	1974	1986	1998
Hare	1915	1927	1939	1951	1963	1975	1987	1999
Dragon	1916	1928	1940	1952	1964	1976	1988	2000
Snake	1917	1929	1941	1953	1965	1977	1989	2001
Horse	1918	1930	1942	1954	1966	1978	1990	2002
Goat	1919	1931	1943	1955	1967	1979	1991	2003
Monkey	1920	1932	1944	1956	1968	1980	1992	2004
Cock	1921	1933	1945	1957	1969	1981	1993	2005
Dog	1922	1934	1946	1958	1970	1982	1994	2006
Pig	1923	1935	1947	1959	1971	1983	1995	2007

As each animal has its own characteristics, the Chinese believe that the animal influences the fate and personality of the person born in the year it is assigned to.

As such, a name, being so much a part of a person, should be chosen according to the characteristics of his animal sign. Names with certain radicals that are compatible with the person's basic qualities pertaining to his animal sign, are preferred.

Year of the Rat

A person born in the night in the Year of the Rat is bold and daring but if the birth takes place in the daytime, he is very timid like the rat which takes to hiding in the daytime. He is optimistic and open, liked by people and is willing to help. He is never discouraged no matter how difficult the situation is.

What should be the names for those born in the year of the Rat? The names should preferably have the radicals 人 (man), 入 (entry), 宀 (roof), 冖 (cover), for example, 合 He, 全 Quan, 今 Jin, 仑 Lun, 宇 Yu, 安 An, 宏 Hong, 实 Shi, 冠 Guan, 军 Jun, etc. because words with these radicals usually mean shelter and storage. This is for the Rat to hide itself. Words with the radicals 米 (rice), 豆 (beans), 鱼 (fish), 艹 (grass), 金 (gold), 木 (wood), 月 (moon), and 田 (field) are also suitable.

Year of the Ox

A person born in the day in the Year of the Ox is destined to toil and sweat for a living, but if born at night, he is destined to live in comfort. The reason is that when the Ox retires in the evening, he is given plenty of fodder and left to chew the cud leisurely. He is never defeated, believes in honour and is full of self-respect. He is someone who can do a lot of work. Before he plunges into action, he considers all the options

146

Those born in the year of the Ox, should take names with the (water) radical, for example, 清 Qing, 济 Ji, 洁 Jie, 润 Run etc. because the Ox is most comfortable and happy in the water. Other suitable words are those with radicals like 米 (rice), 豆 (bean), 艹 (grass), 金 (gold), 玉 (jade), and 木 (wood).

Year of the Tiger

A person born in the Year of the Tiger is believed to be ferocious. He is even worse if he is born after dusk for it is then the animal leaves its den to prowl for its victims. He is fierce and strong, independent, and thinks highly of himself. He lives a life full of activities and is an eventual victor.

Those born in the year of the Tiger should take names with the radical 山 meaning mountain, for example, 岚 Lan, 岳 Yue, 岱 Dai, 岸 An, 岗 Gang, 岩 Yan, 峇 Ba, etc. because the tiger is the king of the mountain. Other words with the radicals 衤 (cloth), 金 (gold), 木 (wood), 氵 (water), 月 (moon), 犭 (animal) and 马 (horse) are also preferred.

Year of the Hare

A person born in the Year of the Hare is moderate in everything. He is neither too good nor too bad, neither too rich nor too poor, moderately talented, and belongs to the middle class. He is rather gentle, speaks well and never offends people. Therefore, he has many friends.

Those who are born in the Year of the Hare should choose a name that comes with the radical 月 (moon), for example, 朋 Peng, 能 Peng, 育 Yu, 肯 Ken, 鹏 Peng 朝 Chao, etc. It is because legend

147

has it that there is a hare on the moon. In fact, the moon is symbolized by a jade hare. Other suitable words are those with radicals like 艹 (grass), 山 (mountain), 田 (field), 亻 (man), 禾 (grain), 木 (wood), 宀 (cover), 金 (gold), 白 (whiteness), 玉 (jade), 豆 (bean) and 犭 (animal).

Year of the Dragon

This is the most auspicious year. If a person is born in the Year of the Dragon, he has the world at his command – riches, luck, power, longevity and perhaps a harem. He is also a dreamer, but he is full of enthusiasm and energy in working towards a goal.

Those born in the Year of the Dragon should take names which have the radical 氵 (water), for example, 汪 Wang, 法 Fa, 泽 Ze, 波 Bo, 洋 Yang, 深 Shen because the dragon king is a god of water in China. It is also appropriate to take the radical 月 (moon) because it is believed that the dragon has the ability to rush upward to the sky. Words like 期 Qi, 朝 Chao, 膺 Ying, 胤 Yin, 朗 Lang, 胜 Sheng etc. are therefore suitable names. Those with radicals like 金 (gold), 玉 (jade), 白 (whiteness), 赤 (redness), 亻 (man), 鱼 (fish) and 酉 (wine) are considered compatible with the Dragon people, too.

Year of the Snake

The Year of the Snake is also auspicious because this reptile is usually associated with the Dragon. There were dragon and snake temples in China. Even in Penang, there is a Snake Temple. There are others who abhor the "Snake-Year" person as there is a Cantonese axiom that states: "A person with a snake-head and rat's eyes is treacherous."

A person born in this year has unusual talent and wisdom, a fighting spirit, and he never gives up. Therefore, Snake people are normally successful.

Snake people must try to get names with the radical ⺾ (grass), such as 花 Hua, 茂 Mao, 苗 Miao, 共 Gong, 蔼 Ai, 蔓 Man, etc. because a snake hides itself among the grass which is the safest for this reptile. Other choices are words with the radicals 禾 (grain) and 田 (field), for example, 秀 Xiu, 和 He, 秉 Bing, 香 Xiang, 申 Shen, 备 Bei, 思 Si, 留 Liu, etc., because it is in the grain field that the snake finds its food. Words with the radicals 虫 (insect), 豆 (bean), 鱼 (fish), 酉 (wine), 木 (wood), 月 (moon), 土 (earth), 金 (gold) and 玉 (jade) are also appropriate for the Snake people.

Year of the Horse

A person born in the Year of the Horse is destined to a hard life, hustling here and bustling there. If the birth occurs at night, the person leads a more settled and comfortable life. He is broad-minded and easy to get along with. But his shortcoming is that he lacks perseverance. He does not keep secrets and has a tendency to be irresponsible.

Those born in the Year of the Horse should take names with the ⺾ (grass) or 禾 (grain) radicals for these make up the main diet for the horse, for example, 芳 Fang, 芸 Yun, 艺 Yi, 英 Ying, 季 Ji, 秋 Qiu, 颖 Ying, 穗 Sui, etc. Also often chosen are names with the radicals 木 (wood), 玉 (jade), 虫 (insect), 豆 (bean), 米 (rice), 亻 (man), 月 (moon), 土 (earth) and 才 (ability).

Year of the Goat

A person born in the Year of the Goat is good-natured. He is an ideal companion in the conjugal life. The goat is the emblem of a peaceful retiring life in old age, while the kid is the symbol of filial love, for it kneels in veneration when taking its mother's milk. A Goat person has self-motivation and is fond of social life. He is patient and has an elegant appearance.

The Goat people should adopt names which have 禾 (grain) and ⺿ (grass) radicals such as 蓉 Rong, 莲 Lian, 苹 Ping, 菊 Ju, 稷 Ji, 秦 Qin, 科 Ke, 程 Cheng etc. because grain and grass are obviously the staple food of goats. Names with the radicals 金 (gold), 白 (whiteness), 玉 (jade), 月 (moon), 田 (field), 豆 (bean), 米 (rice), 马 (horse), 木 (wood), 亻 (man) and 鱼 (fish) may be considered too.

Year of the Monkey

A person born in the Year of the Monkey is fickle-minded and very often easily irritated. He is mischievous, cunning and highly susceptible to flattery. He has leadership qualities. His ability is seen by all and attracts attention. He is healthy, bright but dishonest.

Monkey people should take names which have a 木 (tree) radical because a monkey hides itself amidst the woods, e.g. 林 Lin, 果 Guo, 栋 Dong, 杰 Jie, etc. Other names with radicals like 禾 (grain), 豆 (bean), 米 (rice), 氵 (water), 田 (field), 亻 (man), 山 (mountain), 月 (moon) and 金 (gold) are also appropriate.

Year of the Cock

A person born in the daytime in the Year of the Cock is proud, reassuring and full of confidence. A person born at night, the time for roosting, is tame and submissive, and is liable to be browbeaten. He is a systematic worker, enthusiastic and thorough. He is tactful towards others and is fond of dressing himself up. He would make a good prophet.

Those born in the Year of the Cock should adopt names with the radicals 米 (rice), 豆 (bean) and 虫 (insect) for these are the favourite food of the cock. They are: 粟 Su, 粹 Cui, 精 Jing, 粤 Yue, 登 Deng, 竖 Shu, 禹 Yu, 融 Rong, etc. Recommended are other names with radicals like 木 (wood), 禾 (grain). 金 (jade), 田 (field), 月 (moon), 入 (entry), 宀 (cover), 山 (mountain), 日 (sun) and 钅 (gold).

Year of the Dog

A person born at night in the Year of the Dog is destined to sweat and slog like the poor dog keeping night watches whilst others are in sweet slumber. But a person born in the day is fairly well provided for. He is loyal, clever and intuitive, and often does extraordinary things.

Those born in the Year of the Dog should choose names with the radical 亻 (man), for example, 华 Hua, 伟 Wei, 仲 Zhong, 伦 Lun, 仁 Ren, 作 Zuo, etc., because the dog is man's best friend. When they are together, both parties feel safe and they like each other's company. Other appropriate names are those with the radicals 入 (entry), 宀 (cover), 马 (horse), 鱼 (fish), 豆 (bean), 米 (rice), 金 (gold), 玉 (jade), 艹 (grass), 田 (field), 木 (wood), 禾 (grain), 月 (moon) and 氵 (water).

Year of the Pig

A person born in the Year of the Pig is a spendthrift, for he eats too much. He is devoid of intelligence and spends more than he earns. Like the "Pig Spirit" in the famous Chinese novel entitled *The Western Journey*, he is lustful and easily tempted by the fair sex. Yet he is confident, and does what he believes is right. He is slightly selfish but has leadership qualities.

Pig people are advised to choose names with radicals like 米 (rice), 艹 (grass) and 豆 (bean), for example, 类 Lei, 精 Jing, 粹 Cui, 粉 Fen, 藩 Fan, 蕾 Lei, 菁 Jing, etc., as these are food for the pig. Other characters with the radicals 鱼 (fish), 氵 (water), 金 (gold), 玉 (jade), 月 (moon), 木 (wood), 亻 (man), 山 (mountain), 土 (earth) are also preferred.

The above notes are based on Chinese records on astrology. Since historical times, Man has been awed by the ever-moving constellations that produce certain order and regularity as can be seen in the movement of the wind and clouds, the flow and ebb of the tides. Is there any scientific basis to explain the relations between the lunar animal signs and the Chinese names? This is for the reader to find out for himself.

CHINESE EQUIVALENTS OF ENGLISH NAMES

AaronM	安荣 Ān Róng	安禄 Ān Lù	亚伦 Yà Lún	雅伦 Yǎ Lún	蔼伦 Ǎi Lún
AbeM **Abel**M	安培 Ān Péi	恩倍 Ēn Bèi	亚北 Yà Běi	安贝 Ān Bèi	本禄 Běn Lù
AbrahamM	伯翰 Bó Hàn	北汉 Běi Hàn	雅函 Yǎ Hán	国汉 Guó Hàn	本豪 Běn Háo
AbsalomM	赛龙 Sài Lóng	飒容 Sà Róng	桑农 Sāng Nóng	森伦 Sēn Lún	山隆 Shān Lóng
AdaF	燕达 Yàn Dá	雅黛 Yǎ Dài	嫣德 Yān Dé	爱黛 Ài Dài	安黛 Ān Dài
AdamM	安登 Ān Dēng	安道 Ān Dào	安当 Ān Dāng	雅典 Yǎ Diǎn	雅达 Yǎ Dá
AdelaF	德娜 Dé Nà	爱黛 Ài Dài	婀娜 Ē Nà	雅黛 Yǎ Dài	爱兰 Ài Lán
AdelaideF	懿德 Yì Dé	依德 Yī Dé	雅德 Yǎ Dé	德岚 Dé Lán	安兰 Ān Lán
AdeleF **Adeline**F	德琳 Dé Lín	迪苓 Dí Líng	德龄 Dé Líng	爱玲 Ài Líng	安宁 Ān Níng
AdolfM **Adolphus**M	安道 Ān Dào	道夫 Dào Fū	东福 Dōng Fú	道富 Dào Fù	敦福 Dūn Fú

154

AdrianM	礼安 Lǐ Ān	德礼 Dé Lǐ	乐安 Lè Ān	安俊 Ān Jùn	安顺 Ān Shùn
AgathaF	雅嘉 Yǎ Jiā	雅佳 Yǎ Jiā	佳珊 Jiā Shān	家德 Jiā Dé	康达 Kāng Dá
AgnesF	乃斯 Nǎi Sī	耐思 Nài Sī	爱丽 Ài Lì	艾南 Ài Nán	旎诗 Nǐ Shī
AlanM	亚伦 Yà Lún	爱伦 Ài Lún	雅人 Yǎ Rén	和润 Hé Rùn	安然 Ān Rán
AlbertM	安博 Ān Bó	恩保 Ēn Bǎo	安宝 Ān Bǎo	安柏 Ān Bò	安邦 Ān Bāng
AlbinM **Alden**M **Aldous**M	海度 Hái Dù	安端 Ān Duān	恩笃 Ēn Dǔ	耀端 Yào Duān	安笃 Ān Dǔ
AlecM **Alex**M	乐思 Lè Sī	磊士 Lěi Shì	雷石 Léi Shí	垒时 Lěi Shí	乐诗 Lè Shī
AleneF **Aline**F	爱琳 Ài Lín	蔼玲 Ǎi Líng	瑷林 Ài Lín	嫒霖 Ài Lín	艾苓 Ài Líng
AlexanderM	立达 Lì Dá	安德 Ān Dé	尚德 Shàng Dá	尚达 Shàng Dá	山登 Shān Dēng
AlexandraF	丽珊 Lì Shān	莉莎 Lì Shā	雅丽 Yǎ Lì	立珊 Lì Shān	少兰 Shào Lán
AlexisM	乐思 Lè Sī	磊翕 Lěi Xī	安立 Ān Lì	立思 Lì Sī	利思 Lì Sī
AlfonsoM	安凡 Ān Fán	芳松 Fāng Sōng	发嵩 Fā Sōng	帆硕 Fān Shuò	方朔 Fāng Shuò

AlfredM	孚雷 Fú Léi	安磊 Ān Lěi	甫乐 Fǔ Lè	福来 Fú Lái	安瑞 Ān Ruì
AlgernonM	济农 Jì Nóng	冀隆 Jì Lóng	季农 Jì Nóng	济荣 Jì Róng	介融 Jiè Róng
AliceF **Alicia**F **Alison**F	丽思 Lì Sī 莉飒 Lì Sà	爱思 Ài Sī 丽珊 Lì Shān	爱丽 Ài Lì 莉仙 Lì Xiān	礼斯 Lǐ Sī 立珊 Lì Shān	丽霞 Lì Xiá 丽生 Lì Shēng
AllanM **Allen**M	海量 Hǎi Liàng	蔼仁 Ǎi Rén	爱伦 Ài Lún	安南 Ān Nán	海兰 Hǎi Lán
AlmaF	爱曼 Ài Màn	蔼满 Ǎi Mǎn	安曼 Ān Màn	瑷玛 Ài Mǎ	艾迈 Aì Mài
AlphonsoM	方颂 Fāng Sòng	方飒 Fāng Sà	丰硕 Fēng Shuò	枫朔 Fēng Shuò	峰松 Fēng Sōng
AmabelF	玛宝 Mǎ Bǎo	茂蓓 Mào Bèi	曼宝 Màn Bǎo	满苞 Mǎn Bāo	蔓葆 Màn Bǎo
AlvinM	安文 Ān Wén	安运 Ān Yùn	蔼云 Ǎi Yún	艾耘 Ài Yún	昂运 Áng Yùn
AmandaF	明达 Míng Dá	敏德 Mǐn Dé	萌得 Méng Dé	美黛 Měi Dài	孟妲 Mèng Dá
AmbroseM	安博 Ān Bó	昂步 Áng Bù	安步 Ān Bù	彬若 Bīn Ruò	炳如 Bǐng Rú
AmeliaF	媚丽 Mèi Lì	美雅 Měi Yǎ	美彦 Měi Yàn	媚燕 Mèi Yàn	玫雅 Méi Yǎ

Amos_M	孟书 Mèng Shū	梦舒 Mèng Shū	萌思 Méng Sī	亚孟 Yà Mèng	孟肃 Mèng Sù
Amy_F	爱梅 Ài Méi	蔼美 Ǎi Měi	艾宓 Ài Mì	媛勉 Ài Miǎn	瑷湄 Ài Méi
Andrew_M	安德 Ān Dé	安中 Ān Zhōng	昂如 Áng Rú	昂竹 Áng Zhú	盎足 Àng Zú
Andre_F	媛若 Ài Ruò	爱蕊 Ài Ruǐ	安瑞 Ān Ruì	艾润 Ài Rùn	瑷芮 Ài Ruì
Aneurin_F	乃宁 Nǎi Níng	耐绫 Nài Líng	南琳 Nán Lín	楠妮 Nán Ní	蓼苓 Liǎo Líng
Andy_M	安迪 Ān Dí	艾棣 Ài Dì	昂笛 Áng Dí	庵荻 Ān Dí	安狄 Ān Dí
Angela_F **Angelina**_F	安吉 Ān Jí	菊兰 Jú Lán	洁然 Jié Rán	洁玲 Jié Líng	捷灵 Jié Líng
Angelo_M **Angus**_M	安珂 Ān Kē	爱歌 Ài Gē	安可 Ān Kě	安耕 Ān Gēng	安亘 Ān Gèn
Anita_F	丽苔 Lì Tái	莉泰 Lì Tài	莉棠 Lì Táng	丽桃 Lì Táo	立达 Lì Dá
Ann_F **Anna**_F **Annabella**_F	安逸 Ān Yì	爱谊 Ài Yì	安宜 Ān Yí	安贝 Ān Bèi	贝蕾 Bèi Lěi
	安娜 Ān Nà	艾兰 Ài Lán	爱娘 Ài Niáng	安蓓 Ān Bèi	蓓娜 Bèi Nà
Anne_F **Anetta**_F	安妮 Ān Ní	旖丽 Yǐ Lì	苡莉 Yǐ Lì	爱丽 Ài Lì	蔼妮 Ǎi Ní

AnnetteF **Annie**F	蔼怡 Ǎi Yí	安宜 Ān Yì	爱仪 Ài Yí	安奕 Ān Yì	艾翊 Ài Yì
AnselmM	安粲 Ān Càn	恩灿 Ēn Càn	安才 Ān Cái	安岑 Ān Cén	安苍 Ān Cāng
AnthonyM **Anton**M	安东 Ān Dōng	安通 Ān Tōng	昂东 Áng Dōng	艾佟 Ài Tóng	安彤 Ān Tóng
AntonioM	安良 Ān Liáng	栋梁 Dòng Liáng	恩亮 Ēn Liàng	东亮 Dōng Liàng	铎良 Duó Liáng
AprilF	安普 Ān Pǔ	婀娜 Ē Nuó	恩诺 Ēn Nuò	爱璞 Ài Pú	娥娜 É Nà
ArabellaF	瑞娜 Ruì Nà	芮兰 Ruì Lán	蓝贝 Lán Bèi	蓓娜 Bèi Nà	贝来 Bèi Lái
ArchboldM	安琦 Ān Qí	奇博 Qí Bó	博德 Bó Dé	启迪 Qǐ Dí	其宝 Qí Bǎo
ArmondM	安蒙 Ān Méng	亚芒 Yà Máng	雅萌 Yǎ Méng	恩梦 Ēn Mèng	亚孟 Yà Mèng
ArneM **Arnold**M	安珞 Ān Luò	蔼乐 Ǎi Lè	莞诺 Wǎn Nuò	安乐 Ān Lè	望隆 Wàng Lóng
ArthurM	亚书 Yà Shū	雅叔 Yǎ Shū	言殊 Yán Shū	安瑟 Ān Sè	亚舍 Yà Shè
AubreyM	博立 Bó Lì	博锐 Bó Ruì	百励 Bǎi Lì	本立 Běn Lì	百瑞 Bǎi Ruì
AudreyF	德瑞 Dé Ruì	多丽 Duō Lì	朵丽 Duǒ Lì	爱莉 Ài Lì	啼鹏 Tí Lì

BarbaraF	碧然 Bì Rán	璧娘 Bì Niáng	白兰 Bái Lán	白波 Bái Bō	波澜 Bō Lán
BarneyM **Barrett**M **Barrie**M **Barry**M	百利 Bǎi Lì 瑞德 Ruì Dé	勃然 Bó Rán 培瑞 Péi Ruì	彬礼 Bīng Nuò 沛然 Pèi Rán	冰诺 Bīng Nuò 秉仁 Bǐng Rén	百瑞 Bǎi Ruì 百稔 Bǎi Rěn
BartholomewM	邦乐 Bāng Lè	包禄 Bāo Lù	保禄 Bǎo Lù	宝鹿 Bǎo Lù	葆芦 Bǎo Lú
BasilM	本舜 Běn Shùn	北顺 Běi Shùn	宝志 Bǎo Zhì	保智 Bǎo Zhì	备治 Bèi Zhì
BeatriceF **Beatrix**F	芯翠 Bì Cuì	谧思 Mì Sī	碧丝 Bì Sī	碧翠 Bì Cuì	美丝 Měi Sī
BeckyF	贝冀 Bèi Jì	北晴 Běi Qíng	碧霁 Bì Jì	璧琪 Bì Qí	芯绮 Bì Qǐ
BelindaF	琳达 Lín Dá	白琳 Bái Lín	银芽 Yíng Yá	白岭 Bái Lǐng	碧菱 Bì Líng
BenM	本怡 Běn Yí	彬恩 Bīn Ēn	备宜 Bèi Yí	北业 Běi Yè	白烨 Bái Yè
BenedietM	百迪 Bǎi Dí	本德 Běn Dé	比笛 Bǐ Dí	乃棣 Nǎi Dì	白荻 Bái Dí

BenjaminM	彬明 Bīn Míng	宾敏 Bīn Mǐn	斌民 Bīn Mín	斌杰 Bīn Jié	本杰 Běn Jié
BennettM **Benny**M	本谊 Běn Yí	彬立 Bīn Lì	斌礼 Bīn Lǐ	本逸 Běn Yì	百宜 Bǎi Yí
BernardM	伯念 Bó Niàn	本耐 Běn Nài	乃德 Nǎi Dé	纳德 Nà Dé	百瑞 Bǎi Ruì
BertM	本德 Běn Dé	秉德 Bǐng Dé	培德 Péi Dé	沛棣 Pèi Dì	彬惕 Bīn Tì
BerthaF	白莎 Bái Shā	百硕 Bǎi Shuò	柏松 Bǎi Sōng	宝达 Bǎo Dá	保泰 Bǎo Tài
BertramM	伯仁 Bó Rén	伯让 Bó Ràng	白浪 Bái Làng	平朗 Píng Lǎng	品良 Pǐn Liáng
BerylF	碧如 Bì Rú	璧若 Bì Ruò	佩如 Pèi Rú	白露 Bái Lù	美瑞 Měi Ruì
BessF **Bessie**F **Beth**F	培士 Péi Shì	佩时 Pèi Shí	培实 Péi Shí	碧诗 Bì Shī	佩丝 Pèi Sī
BetsyF	贝茜 Bèi Xī	蓓馨 Bèi Xīn	碧心 Bì Xīn	璧芝 Bì Zhī	碧枝 Bì Zhī
BettyF	百蒂 Bǎi Dì	百棣 Bǎi Dì	美娣 Měi Dì	美笛 Měi Dí	碧蒂 Bì Dì
BiancheF	岚逸 Lán Yì	蓝溪 Lán Xī	兰琪 Lán Qí	朗祺 Láng Qí	朗启 Lǎng Qǐ
BillM **Billy**M	炳利 Bǐng Lì	秉立 Bǐng Lì	彬理 Bīn Lǐ	斌立 Bīn Lì	必力 Bì Lì

Bob_M **Bobby**_M	柏夫 Bó Fū	博福 Bó Fú	博璧 Bó Bì	伯炳 Bó Bǐng	博备 Bó Bèi
Bonnie_F	白璐 Bái Lù	白露 Bái Lù	葆丽 Bǎo Lì	保莉 Bǎo Lì	宝意 Bǎo Yì
Bradley_M	瑞利 Ruì Lì	仁义 Rén Yì	仁理 Rén Lǐ	任廉 Rèn Lián	锐力 Ruì Lì
Brenda_F	瑞达 Ruì Dá	润岱 Rùn Dài	蕊黛 Ruǐ Dài	容丹 Róng Dān	柔达 Róu Dá
Brian_M **Bryan**_M	百润 Bǎi Rùn	甫仁 Fǔ Rén	富仁 Fù Rén	伯任 Bó Rèn	步稔 Bù Rěn
Bridget_F	瑞吉 Ruì Jí	睿志 Ruì Zhì	锐至 Ruì Zhì	芮智 Ruì Zhì	白霁 Bái Jì
Brooks_M	如珂 Rú Kē	儒可 Rú Kě	汝轲 Rǔ Kē	荣柯 Róng Kē	嵘克 Róng Kè
Bruce_M **Bryce**_M	本如 Běn Rú	炳儒 Bǐng Rú	步龙 Bù Lóng	步隆 Bù Lóng	禄士 Lù Shì

C

CarolF **Caroline**F	侃容 Kǎn Róng	凯路 Kǎi Lù	若琳 Ruò Lín	乐铃 Lè Líng	凯玲 Kǎi Líng
CarsonM	康生 Kāng Shēng	侃森 Kǎn Sēn	楷善 Kǎi Shàn	凯山 Kǎi Shān	楷杉 Kǎi Shān
CatharineF	鸽翎 Gē Líng	凯琳 Kǎi Lín	桃云 Taó Yún	棠苓 Táng Líng	康宁 Kāng Níng
CathyF	可珊 Kě Shān	开姗 Kāi Shān	康善 Kāng Shàn	凯茜 Kǎi Xī	侃诗 Kǎn Shī
CecilM	世新 Shì Xīn	赛西 Sài Xī	新诗 Xīn Shī	赛施 Sài Shī	西施 Xī Shī
CeciliaF **Cecily**F **Cicely**F	希立 Xī Lì	茜莉 Xī Lì	丽雅 Lì Yǎ	喜霖 Xǐ Lín	赛莉 Sài Lì
	善丽 Shàn Lì	莎丽 Shā Lì	施丽 Shī Lì	诗理 Shī Lǐ	思丽 Sī Lì
CharlesM **Charley**M	嘉尧 Jiā Yáo	佳思 Jiā Sī	家瑞 Jiā Ruì	加荣 Jiā Róng	家思 Jiā Sī
ChristabelF **Christianna**F **Christina**F **Christine**F	凯瑞 Kǎi Ruì	苔蓓 Tái Bèi	蕊思 Ruǐ Sī	泰本 Tài Běn	瑞泰 Ruì Tài
	琨兰 Kūn Lán	丁娜 Dīng Nà	汀蓝 Dīng Lán	坤娣 Kūn Dì	葵丝 Kuí Sī

Christopher M	托福 Tuō Fú	缇帆 Tí Fān	达发 Dá Fā	度佛 Dù Fú	陶丰 Táo Fēng

Claire F Clara F Clare F	可兰 Kě Lán	可然 Kě Rán	葛兰 Gě Lán	高蓝 Gāo Lán	可娜 Kě Nà
	歌然 Gē Rán	珂若 Kē Ruò	可润 Kě Rùn	葛兰 Gě Lán	可莱 Kě Lái

Clarence M	润思 Rùn Sī	伦梓 Lún Zǐ	劳孜 Láo Zī	仁之 Rén Zhī	任知 Rèn Zhī

Clark M Claud M	克劳 Kè Láo	开朗 Kāi Lǎng	高朗 Gāo Lǎng	果朗 Guǒ Lǎng	古饶 Gǔ Ráo

Clement M	乐睦 Lè Mù	仑慕 Lún Mù	立孟 Lì Mèng	洛蔓 Luò Màn	禄满 Lù Mǎn

Clifford M Clive M	立夫 Lì Fū	立佛 Lì Fú	立福 Lì Fú	利福 Lì Fú	力孚 Lì Fú

Colin M	珂霖 Kē Lín	科灵 Kē Líng	柯林 Kē Lín	可凌 Kě Líng	高岭 Gāo Lǐng

Connie F	康丽 Kāng Lì	珂妮 Kē Ní	可意 Kě Yì	高谊 Gāo Yì	慷宜 Kāng Yí

Conrad M	高乐 Gāo Lè	高亮 Gāo Liàng	可乐 Kě Lè	亮德 Liàng Dé	孔梁 Kǒng Liáng

Constance F	康坦 Kāng Tǎn	侃同 Kǎn Tóng	开泰 Kāi Tài	凯腾 Kǎi Tēng	宽达 Kuān Dá

Cora F	高然 Gāo Rán	侃若 Kǎn Ruò	宽如 Kuān Rú	坤容 Kūn Róng	康柔 Kāng Róu

CuthbertM	开思 Kāi Sī	开博 Kāi Bó	开白 Kāi Bái	楷伯 Kǎi Bó	开柏 Kāi Bó
CynthiaF	新献 Xīn Xiàn	兴善 Xīng Shàn	欣羡 Xīn Xiàn	馨香 Xīn Xiāng	心娴 Xīn Xián
CyrilM **Cyrus**M	熙瑞 Xī Ruì	希锐 Xī Ruì	西芮 Xī Ruì	锡仁 Xī Rén	玺任 Xǐ Rèn

D

Daisy F	岱熹 Dài Xī	蝶喜 Dié Xǐ	玳仪 Dài Yí	黛茜 Dài Xī	妲苡 Dá Yǐ
Dan M Daniel M	岱逸 Dài Yì	当立 Dàng Lì	丹理 Dān Lǐ	达理 Dá Lǐ	大立 Dà Lì
Diana F	丹娜 Dān Nà	黛娘 Dài Niáng	岱娜 Dài Nà	达南 Dá Nán	玳楠 Dài Nán
Daphne F	黛粉 Dài Fěn	岱汾 Dài Fén	玳芬 Dài Fēn	淡芬 Dàn Fēn	丹凤 Dān Fèng
David M Davis M	大伟 Dà Wěi	岱炜 Dài Wěi	丹梧 Dān Wú	德伟 Dé Wěi	大维 Dà Wéi
Dean M Denis M	德英 Dé Yīng	定一 Dìng Yī	鼎立 Dǐng Lì	丁轶 Dīng Yì	迪奕 Dí Yì
Deborah F	涤波 Dí Bō	博然 Bó Rán	宝瑞 Bǎo Ruì	葆蕊 Bǎo Ruǐ	德宝 Dé Bǎo
Doreen F Doris F Dorothy F	多丽 Dūo Lì	朵云 Duǒ Yún	端芸 Duān Yún	敦蕴 Dūn Yùn	端瑞 Duān Ruì
Douglas M	道岚 Dào Lán	端格 Duān Gé	道思 Dào Sī	多思 Duō Sī	道朗 Dào Lǎng
Duncan M	敦恳 Dūn Kěn	端可 Duān Kě	顿肯 Dùn Kěn	盾克 Dùn Kè	多康 Duō Kāng

E

EbenezerM	本泽 Běn Zé	秉则 Bǐng Zé	炳湛 Bǐng Zhàn	冰斋 Bīng Zhāi	彬谌 Bīn Chén
EddieM **Edgar**M	恩迪 Ēn Dí	恒棣 Héng Dì	恩德 Ēn Dé	鼎嘉 Dǐng Jiā	德高 Dé Gāo
EdithF	爱娣 Ài Dì	迪思 Dí Sī	蒂丝 Dì Sī	蔼娣 Ǎi Dì	娣思 Dì Sī
EdmondM	艾德 Ài Dé	蔼蒙 Ǎi Méng	德蒙 Dé Méng	蒙德 Méng Dé	德芒 Dé Máng
EdnaF	爱娜 Ài Nà	爱迪 Ài Dí	爱笛 Ài Dí	媛楠 Ài Nán	安娜 Ān Nà
EdwardM	德华 Dé Huá	德厚 Dé Hòu	迪焕 Dí Huàn	安煌 Ān Huáng	棣辉 Dì Huī
EdwinM	德威 Dé Wēi	德运 Dé Yùn	笛韵 Dí Yùn	迪云 Dí Yún	第耘 Dì Yún
EileenF	爱琳 Ài Lín	瑷玲 Ài Líng	蔼玲 Ǎi Líng	媛苓 Ài Líng	雁翎 Yàn Líng
ElbertM	尔备 Ěr Bèi	恩伯 Ēn Bó	亨倍 Hēng Bèi	安贝 Ān Bèi	安本 Ān Běn

EleanorF **Elizabeth**F **Elis**F	伊莉 Yī Lì	贝思 Bèi Sī	蓓丝 Bèi Sī	佩诗 Pèi Shī	培士 Péi Shì
	莉若 Lì Ruò	丽容 Lì Róng	丽嫦 Lì Cháng	丽裳 Lì Cháng	丽莎 Lì Shā
EllaF **Ellen**F	爱娜 Ài Nà	蔼兰 Ǎi Lán	恩伦 Ēn Lún	爱伦 Ài Lún	燕来 Yàn Lái
EllisF	爱莉 Ài Lì	月丽 Yuè Lì	也丽 Yě Lì	颜丽 Yán Lì	雅立 Yǎ Lì
EltonM	安顿 Ān Dùn	爱同 Ài Tóng	安通 Ān Tōng	恩统 Ēn Tǒng	艾棠 Ài Táng
EmilyF	明莉 Míng Lì	民利 Mín Lì	梅立 Méi Lì	眉丽 Méi Lì	敏俐 Mǐn Lì
EmmaF	恩美 Ēn Měi	爱明 Ài Míng	蔼敏 Ǎi Mǐn	娥眉 É Méi	莪茂 É Mào
EnidF	旖妮 Yǐ Nī	以德 Yǐ Dé	奕丽 Yì Lì	逸立 Yì Lì	翌隶 Yì Lì
EnochM	奕珞 Yì Luò	乐歌 Lè Gē	诺光 Nuò Guāng	洛谷 Luò Gǔ	意诺 Yì Nuò
EricM **Ernest**M	恩瑞 Ēn Ruì	峨悦 É Yuè	恩思 Ēn Sī	宜德 Yí Dé	恩年 Ēn Nián
ErvinM	谊文 Yì Wén	逸云 Yì Yún	翼运 Yì Yùn	意温 Yì Wēn	亦威 Yì Wēi
EsmondeM	沐德 Mù Dé	慕迪 Mù Dí	思模 Sī Mó	司谋 Sī Móu	尹默 Yǐn Mò

EstherF **Ethel**F	伊始 Yī Shǐ	宜时 Yí Shí	怡适 Yí Shì	怡杉 Yí Shān	宜山 Yí Shān
EugeneM	友敬 Yǒu Jìng	又憬 Yòu Jǐng	幼菁 Yòu Jīng	有璟 Yǒu Jǐng	佑靖 Yòu Jìng
EugeniaF	尤金 Yóu Jīn	幼吉 Yòu Jí	优景 Yōu Jǐng	又敬 Yòn Jìng	洁雅 Jié Yǎ
EuniceF	尤丽 Yóu Lì	尤旎 Yóu Nǐ	悠思 Yōu Sī	友莉 Yǒu Lì	幼丝 Yòu Sī
EvaF	仪焕 Yí Huàn	尹华 Yǐn Huá	意慧 Yì Huì	苡花 Yǐ Huā	宜华 Yí Huá
EvangelineF	万吉 Wàn Jí	凡杰 Fán Jié	帆捷 Fān Jié	芳玲 Fāng Líng	方琳 Fāng Lín
EveF **Eveline**F **Evelyn**F	伊芙 Yī Fú	亦福 Yì Fú	奕甫 Yì Fǔ	宜赋 Yí Fù	怡馥 Yí Fù
	芙琳 Fú Lín	怡芙 Yí Fú	馥苓 Fù Líng	枫林 Fēng Lín	芬玲 Fēn Líng

F

FaithF **Fanny**F	芬妮 Fēn Nī	凤夷 Fèng Yí	丰颐 Fēng Yí	飞怡 Fēi Yí	菲谊 Fēi Yí
FelixM **Ferdinand**M	斐迪 Fěi Dí	飞棣 Fēi Dì	菲南 Fēi Nán	丰鼎 Fēng Dǐng	峰顶 Fēng Dǐng
FloraF	罗兰 Luó Lán	萝娜 Luó Nà	洛蓉 Luò Róng	珞然 Luò Rán	璐如 Lù Rú
FlorenceF	罗仁 Luó Rén	洛仑 Luò Lún	陆稔 Lù Rěn	禄人 Lù Rén	禄仁 Lù Rén
FrancesF	朗西 Lǎng Xī	琅茜 Láng Xī	莲馨 Liàn Xīn	苒欣 Rǎn Xīn	然歆 Rán Xīn
FrancisM	朗西 Lǎng Xī	浪新 Làng Xīn	廉辛 Lián Xīn	联兴 Lián Xīng	峦鑫 Luán Xīn
FrankM	福南 Fú Nán	夫然 Fū Rán	复朗 Fù Lǎng	佛良 Fú Liáng	富廉 Fù Lián
FredaF	瑞妲 Ruì Dá	睿达 Ruì Dá	芮丹 Ruì Dān	蕊黛 Ruǐ Dài	瑞岱 Ruì Dài
FreddieM	瑞迪 Ruì Dí	福瑞 Fú Ruì	发利 Fā Lì	锐力 Ruì Lì	仁立 Rén Lì
FrederickM	瑞珂 Ruì Kē	锐可 Ruì Kě	睿科 Ruì Kē	雷凯 Léi Kǎi	福瑞 Fú Ruì

G

GeoffreyM	杰夫 Jié Fū	福瑞 Fú Ruì	皆福 Jiē Fú	介夫 Jiè Fū	金福 Jīn Fú
GaryM	高立 Gāo Lì	嘉礼 Jiā Lǐ	嘉立 Jiā Lì	佳理 Jiā Lǐ	家锐 Jiā Ruì
GenevieveF	吉纳 Jí Nà	俊芙 Jùn Fú	钧为 Jūn Wéi	君伟 Jūn Wěi	君薇 Jūn Wēi
GeorgeM	佑吉 Yòu Jí	久吉 Jiǔ Jí	乔治 Qiáo Zhì	玖杰 Jiǔ Jié	幼骥 Yòu Jì
GeorgiaF	娇洁 Jiāo Jié	吉佳 Jí Jiā	皎洁 Jiǎo Jié	季洁 Jì Jié	娇雅 Jiāo Yǎ
GeraldM	吉禄 Jí Lù	杰如 Jié Rú	捷龙 Jié Lóng	金诺 Jīn Nuò	洁若 Jié Ruò
GeraldineF	吉娜 Jí Nà	季娜 Jì Nà	金兰 Jīn Lán	洁兰 Jié Lán	君兰 Jūn Lán
GerardM	吉荣 Jí Róng	冀嵘 Jì Róng	季儒 Jì Rǔ	寄榕 Jì Róng	继融 Jì Róng
GerryM	杰礼 Jié Lǐ	吉瑞 Jí Ruì	捷锐 Jié Ruì	吉礼 Jí Lǐ	继立 Jì Lì
GertrudeF	癸初 Guǐ Chū	圭楚 Guī Chǔ	瑰春 Guī Chūn	桂淳 Guì Chún	贵纯 Guì Chún

GiebertM	家伯 Jiā Bó	嘉博 Jiā Bó	佳柏 Jiā Bó	迦波 Jiā Bō	加勃 Jiā Bó
GillF **Gillam**F	洁儿 Jié Ér	锦仪 Jǐn Yí	景宜 Jǐng Yí	吉莲 Jí Lián	季莲 Jì Lián
GladysF	岚笛 Lán Dí	雷翟 Léi Dí	乐迪 Lè Dí	朗荻 Lǎng Dí	歌乐 Gē Lè
GodfreyM	歌瑞 Gē Ruì	戈锐 Gē Ruì	恭福 Gōng Fú	庚福 Gēng Fú	赓睿 Gēng Ruì
GodwinM	葛文 Gě Wén	功蕴 Gōng Yùn	恭运 Gōng Yùn	公允 Gōng Yǔn	工韵 Gōng Yùn
GordonM	公德 Gōng Dé	高登 Gāo Dēng	躬隆 Gōng Lóng	歌冬 Gē Dōng	戈登 Gē Dēng
GraceF	蕊思 Ruǐ Sī	苒丝 Rǎn Sī	柔丝 Róu Sī	谷丽 Gǔ Lì	瑞思 Ruì Sī
GregoryM	葛雷 Gě Léi	歌瑞 Gē Ruì	葛瑞 Gě Ruì	国荣 Guó Róng	郭嵘 Guō Róng
GwendolineF	温德 Wēn Dé	多霖 Duō Lín	文林 Wén Lín	蔚岭 Wèi Lǐng	伟凌 Wěi Líng

HannahF	涵纳 Hán Nà	汉娜 Hàn Nà	海浪 Hǎi Làng	寒耐 Hán Nài	菡若 Hán Ruò
HarrielF	海蕾 Hǎi Lěi	含蕊 Hán Ruǐ	寒蕾 Hán Lěi	菡蕊 Hán Ruǐ	晗瑞 Hán Ruì
HarroldM	海瑞 Hǎi Ruì	豪锐 Háo Ruì	禾乐 Hé Lè	浩若 Hào Ruò	涵瑞 Hán Ruì
HarryM	豪立 Háo Lì	浩里 Hào Lǐ	浩瑞 Hào Ruì	皓理 Hào Lǐ	灏力 Hào Lì
HelenF **Helena**F	海莲 Hǎi Lián	含蕊 Hán Ruǐ	涵莉 Hán Lì	荷莲 Hé Lián	海丽 Hào Lì
HenriettaF	瑞泰 Ruì Tài	亨岱 Hēng Dài	姮妲 Héng Dá	恒达 Héng Dá	含瑞 Hán Ruì
HenryM	翰礼 Hàn Lǐ	亨瑞 Hēng Ruì	汉立 Hàn Lì	涵瑞 Hán Ruì	亨利 Hēng Lì
HerbertM	贺伯 Hè Bó	和本 Hé Běn	鹤比 Hè Bǐ	禾炳 Hé Bǐng	贺宝 Hè Bǎo
HermanM	贺满 Hè Mǎn	海麦 Hǎi Mài	汉满 Hàn Mǎn	赫曼 Hè Màn	贺曼 Hè Màn
HermioneF	荷美 Hé Měi	贺眉 Hè Méi	和湄 Hé Méi	禾茂 Hé Mào	荷媚 Hé Mèi

Hilary_M	熙乐 Xī Lè	熹黎 Xī Lí	禧礼 Xǐ Lǐ	玺立 Xǐ Lì	惜丽 Xī Lì
Hilda_F	喜达 Xǐ Dá	希妲 Xī Dá	茜黛 Xī Dài	娴泰 Xián Tài	霞丹 Xía Dān
Horace_M	霍瑞 Huò Ruì	豁朗 Huò Lǎng	和瑞 Hé Ruì	贺立 Hè Lì	和礼 Hé Lǐ
Horatio_M	贺笛 Hè Dí	霍迪 Huò Dí	和箫 Hé Xiāo	和晓 Hé Xiǎo	禾秀 Hé Xiu
Howard_M	贺华 Hè Huá	鸿焕 Hóng Huàn	恒奂 Héng Huàn	和华 Hé Huá	豪华 Háo Huá
Hubert_M	修伯 Xiū Bó	虚伯 Xū Bó	许备 Xǔ Bèi	舒北 Shū Běi	栩贝 Xǔ Bèi
Hudson_M	贺生 Hè Shēng	霍升 Huò Shēng	赫深 Hè Shēn	华生 Huá Shēng	何盛 Hé Shèng
Hugh_M	胥吾 Xū Wú	须梧 Xū Wú	秀聿 Xiù Yù	戌雨 Xù Yǔ	许誉 Xǔ Yù
Hugo_M	雨果 Yǔ Guǒ	许果 Xǔ Guǒ	熙贵 Xī Guì	席桂 Xí Guì	希国 Xī Guó
Humphrey_M	汉福 Hàn Fú	翰孚 Hàn Fú	汉瑞 Hàn Ruì	寒如 Hán Rú	晗甫 Hán Fǔ

IdaF	爱妲 Ài Dá	媛玳 Ài Dài	蔼岱 Ǎi Dài	瑷黛 Ài Dài	安达 Ān Dá
IreneF	爱云 Ài Yún	艾芸 Ài Yún	媛荣 Ài Róng	蔼匀 Ǎi Yún	瑷月 Ài Yuè
IrisF	爱悦 Ǎi Yuè	蕊丝 Ruǐ Sī	锐思 Ruì Sī	蔼瑞 Ǎi Ruì	媛芮 Ài Ruì
IrvinM **Irwin**M	伊汶 Yī Wén	宇文 Yǔ Wén	育文 Yù Wén	瑜雯 Yù Wén	宇闻 Yǔ Wén
IsaacM	毅山 Yì Shān	宜善 Yí Shàn	弋飒 Yì Sà	易禅 Yì Shàn	逸洒 Yì Sǎ
IsabelF **Isabella**F	怡飒 Yí Sà	伊莎 Yī Shā	仪珊 Yí Shān	蓓兰 Bèi Lán	贝娜 Bèi Nà
IsaiahM	奕赛 Yì Sài	翊思 Yì Sì	亦善 Yì Shàn	育善 Yù Shàn	逸善 Yì Shàn
IvanM	翌万 Yì Wàn	邑旺 Yì Wàng	翊望 Yì Wàng	奕芒 Yì Máng	亦旺 Yì Wàng

174

Jack_M	杰轲 Jié Kē	佳格 Jiā Gé	杰克 Jié Kè	捷克 Jié Kè	嘉科 Jiā Kē
Jackson_M	嘉生 Jiā Shēng	杰声 Jié Shēng	佳盛 Jiā Shèng	捷胜 Jié Shèng	吉升 Jí Shēng
Jacob_M	简慷 Jiǎn Kāng	建科 Jiàn Kē	剑侃 Jiàn Kǎn	鉴可 Jiàn Kě	贾可 Jiǎ Kě
Jacqueline_F	佳宁 Jiā Níng	佳玲 Jiā Líng	嘉菱 Jiā Líng	加贵 Jiā Guì	家桂 Jiā Guì
James_M	健模 Jiàn Mú	坚木 Jiān Mù	荐慕 Jiàn Mù	见睦 Jiàn Mù	简穆 Jiǎn Mù
Jane_F Janet_F	真意 Zhēn Yì	坚毅 Jiān Yì	婕仪 Jié Yí	静宜 Jìng Yí	俭妮 Jiǎn Nī
Jay_M	简宜 Jiǎn Yí	鉴玉 Jiàn Yù	剑仪 Jiàn Yí	健弋 Jiàn Yì	建易 Jiàn Yì
Jean_F Jeannette_F	景怡 Jǐng Yí	珍仪 Zhēn Yí	锦霓 Jǐn Ní	静宜 Jìng Yí	景怡 Jǐng Yí
Jeffrey_M	简理 Jiǎn Lǐ	杰黎 Jié Lí	捷立 Jié Lì	纪非 Jì Fēi	福礼 Fú Lǐ
Jennifer_F Jenny_F	珍丽 Zhēn Lì	莉芳 Lì Fāng	纪丽 Jì Lì	洁俐 Jié Lì	静莲 Jìng Lián

JeremyM **Jerome**M	坚珉 Jiān Mín	建民 Jiàn Mín	健明 Jiàn Míng	捷敏 Jié Mǐn	杰美 Jié Měi
JerroldM	杰诺 Jié Nuò	季若 Jì Ruò	纪如 Jì Rú	吉茹 Jí Rú	捷然 Jié Rán
JerryF	洁如 Jié Rú	季瑞 Jì Ruì	吉瑞 Jí Ruì	静如 Jìng Rú	纪瑞 Jì Ruì
JessicaF	思佳 Sī Jiā	喜嘉 Xǐ Jiā	洁思 Jié Sī	婕茜 Jié Xī	希珈 Xī Jiā
JessieF	杰茜 Jié Xī	洁熙 Jié Xī	婕喜 Jié Xǐ	结喜 Jié Xǐ	继翕 Jì Xī
JimM **Jimmy**M	詹敏 Zhān Mǐn	捷民 Jié Mín	季明 Jì Míng	子美 Zǐ Měi	吉美 Jí Měi
JoanF **Joanna**F **Joanne**F	琼恩 Qióng Ēn	裘安 Qiú Ān	琼安 Qióng Ān	巧英 Qiǎo Yīng	乔茵 Qiáo Yīn
	琼娜 Qióng Nà	乔兰 Qiáo Lán	琼蓝 Qióng Lán	巧蒝 Qiǎo Nán	茱娜 Zhū Nà
JoeM	齐佑 Qí Yòu	晋恩 Jìn Ēn	济友 Jì Yǒu	敬友 Jìn Yǒu	吉佑 Jí Yòu
JocelynF	玖玲 Jiǔ Líng	喜莲 Xǐ Lián	希苓 Xī Líng	思琳 Sī Lín	禧玲 Xǐ Líng
JohnM **Johnny**M	峤安 Qiáo Ān	秋恩 Qiū Ēn	强昂 Qiáng Áng	仲尼 Zhòng Ní	乔宁 Qiáo Níng
JonathanM	乔森 Qiáo Sēn	君南 Jūn Nán	邱楠 Qiū Nán	强盛 Qiáng Shèng	秋男 Qiū Nán

Joseph_M	樵伕 Qiáo Fū	秋阜 Qiū Fù	侨富 Qiáo Fù	邱赋 Qiū Fù	秋富 Qiū Fù
Josephine_F	琼芬 Qióng Fēn	秋凤 Qiū Fèng	巧芙 Qiǎo Fú	乔菲 Qiáo Fēi	娟斐 Juān Fěi
Joyce_F	隽思 Juàn Sī	珏士 Jué Shì	孝慈 Xiào Cí	锺丝 Zhōng Sī	琼斯 Qióng Sī
Judy_F **Judith**_F	茱迪 Zhū Dí	珠娣 Zhū Dì	竹第 Zhú Dì	娣适 Dì Shì	蒂莳 Dì Shì
Julia_F	玖妮 Jiǔ Ní	秋丽 Giū Lì	茱莉 Zhū Lì	祝礼 Zhù Lǐ	珠丽 Zhū Lì
Julian_M	柱联 Zhù Lián	竺廉 Zhú Lián	诸琏 Zhū Lián	祝濂 Zhù Lián	朱涟 Zhū Lián
Julien_F	玖玲 Jiǔ Líng	朱莲 Zhū Lián	朱雁 Zhū Yàn	朱燕 Zhū Yàn	茱琳 Zhū Lín
Juliet_F	茱丽 Zhū Lì	茱叶 Zhū Yè	珠联 Zhū Lián	菊丽 Jú Lì	茱艳 Zhū Yàn
June_F	琼恩 Qióng Ēn	君恩 Jūn Ēn	晴雯 Qíng Wén	庆文 Qìng Wén	均安 Jūn Ān
Justin_M	朱庭 Zhū Tíng	嘉定 Jiā Dìng	竹亭 Zhú Tíng	柱定 Zhù Dìng	柱鼎 Zhù Dǐng

K

KatharineF **Katherine**F	开云 Kāi Yún	楷芸 Kǎi Yún	凯运 Kǎi Yùn	侃匀 Kǎn Yún	康韵 Kāng Yùn
KateF	康恬 Kāng Tián	海缇 Hǎi Tí	凯棣 Kǎi Dì	侃缇 Kǎn Tí	凯娣 Kǎi Dì
KathyF	海蒂 Hǎi Dì	凯蒂 Kǎi Dì	开棣 Kāi Dì	凯笛 Kǎi Dí	康娣 Kāng Dì
KayF **Kaye**F	可仪 Kě Yí	康艺 Kāng Yì	凯奕 Kǎi Yì	开益 Kāi Yì	楷薏 Kǎi Yì
KeithM	基石 Jī Shí	济慈 Jì Cí	季实 Jì Shí	纪士 Jǐ Shì	继志 Jì Zhì
KennethM	恳实 Kěn Shí	肯轼 Kěn Shì	耕时 Gēng Shí	铿石 Kēng Shí	庚世 Qēng Shì
KittyF	吉侗 Jí Tì	婕娣 Jié Dì	洁蒂 Jié Dì	霁笛 Jì Dí	姬娣 Jī Dì

LanceM	览诗 Lǎn Shī	朗士 Lǎng Shì	男适 Nán Shì	岚石 Lán Shí	劳思 Láo Sī
LauraF	朗然 Lǎng Rán	琅若 Láng Ruò	浪如 Làng Rú	萝荣 Luó Róng	洛容 Luò Róng
LarryM	莱利 Lái Lì	乐瑞 Lè Ruì	劳瑞 Láo Ruì	洛任 Luò Rèn	罗仁 Luó Rén
LaurelF	萝莉 Luó Lì	洛瑞 Luò Ruì	露仁 Lù Rén	珑丽 Lóng Lì	露蕊 Lù Ruǐ
LaurenceM	洛仁 Luò Rén	罗伦 Luó Lún	落磊 Luò Lěi	珞润 Luò Rùn	若雷 Ruò Léi
LenaF	利然 Lì Rán	丽娜 Lì Nà	理栾 Lǐ Luán	莉蓝 Lì Lán	立兰 Lì Lán
LeonM **Leonard**M	理昂 Lǐ Áng	里安 Lǐ Ān	禄安 Lù Ān	仑岚 Lún Lán	伦诺 Lún Nuò
LesleyF	乐蒂 Lè Dì	乐笛 Lè Lí	乐莉 Lè Lì	蕾丽 Lěi Lì	磊莉 Lěi Lì
LeslieM	乐力 Lè Lì	雷力 Léi Lì	磊立 Lěi Lì	乐礼 Lè Lǐ	蕾立 Lěi Lì
LesterM	乐德 Lè Dé	立德 Lì Dé	利达 Lì Dá	礼思 Lǐ Sī	磊德 Lěi Dé

LewisM	廉士 Lián Shì	落实 Luò Shí	柳丝 Liǔ Sī	流石 Liú Shí	留史 Liú Shǐ
LilianF	丽莲 Lì Lián	莉涟 Lì Lián	俐恋 Lì Liàn	隶廉 Lì Lián	立濂 Lì Lián
LilyF	丽丽 Lì Lì	莉莉 Lì Lì	俐俐 Lì Lì	荔丽 Lì Lì	黎丽 Lí Lì
LincolnM	林恳 Lín Kěn	霖可 Lín Kě	林肯 Lín Kěn	宁克 Níng Kè	凌空 Líng Kōng
LindaF	琳达 Lín Dá	玲黛 Líng Dài	旎岱 Ní Dài	菱玳 Líng Dài	宁达 Níng Dá
LioneM	礼来 Lǐ Lái	理乐 Lǐ Lè	李立 Lǐ Lì	理昂 Lǐ Áng	立昂 Lì Áng
LisaF	丽莎 Lì Shā	丽姗 Lì Shān	莉莎 Lì Shā	黎飒 Lí Sà	丽桑 Lì Sāng
LlewelynM	磊林 Lěi Lín	雷凛 Léi Lǐn	乐龄 Lè Líng	垒岭 Lěi Lǐng	乐霖 Lè Lín
LloydM	洛德 Luò Dé	乐德 Lè Dé	柳岱 Liǔ Dài	绿荻 Lǜ Dí	律迪 Lǜ Dí
LolitaF	乐丽 Lè Lì	莉达 Lì Dá	乐立 Lè Lì	立达 Lì Dá	丽姐 Lì Dá
LouisaF	绿飒 Lù Sà	鹭鸶 Lù Sī	露莎 Lù Shā	绿洒 Lǜ Sǎ	丽桑 Lì Sāng
LoraF	罗娜 Luó Nà	萝然 Luó Rán	若男 Ruò Nán	瑞兰 Ruì Lán	如兰 Rú Lán

LouisF	陆宜 Lù Yí	露丝 Lù Sī	璐仪 Lù Yí	绿宜 Lǜ Yí	露怡 Lù Yí
LouiseF	绿漪 Lù Yí	路夷 Lù Yí	露怡 Lù Yí	禄伊 Lù Yí	璐宜 Lù Yí
LuciaF **Lucy**F	露茜 Lù Xī	陆琪 Lù Qí	罗琪 Luó Qí	若席 Ruò Xí	璐茜 Lù Xī
LutherM	路德 Lù Dé	路舒 Lù Shū	禄士 Lù Shì	鹿特 Lù Tè	禄寿 Lù Shòu
LydiaF	力棣 Lì Dì	立蒂 Lì Dì	莉荻 Lì Dí	丽蝶 Lì Dié	丽雅 Lì Yǎ

M

Mabel_F	梅葆 Méi Bǎo	眉贝 Méi Bèi	湄北 Méi Běi	玫宝 Méi Bǎo	美宝 Měi Bǎo
Mack_M	马轲 Mǎ Kē	迈克 Mài Kè	麦可 Mài Kě	迈可 Mài Kě	麦柯 Mài Kē
Madeline_F	玛琳 Mǎ Lín	麦龄 Mài Líng	曼玲 Màn Líng	曼琳 Màn Lín	麦玲 Mài Líng
Maggie_F	玛琪 Mǎ Qí	麦琪 Mài Qí	曼纪 Màn Jì	美琪 Měi Qí	美祈 Měi Qí
Margaret_F **Margery**_F **Margot**_F	玛瑞 Mǎ Ruì 茂蕊 Mào Ruǐ	缦蕊 Màn Ruǐ 玛果 Mǎ Guǒ	满瑞 Mǎn Ruì 曼姑 Màn Gū	绵荣 Mián Róng 满庚 Mǎn Gēng	嵋容 Méi Róng 蔓根 Màn Gēn
Maria_F	玛丽 Mǎ Lì	美瑞 Měi Ruì	蔓莉 Màn Lì	玫雅 Méi Yǎ	梅丽 Méi Lì
Marion_F	曼容 Màn Róng	玛瑞 Mǎ Ruì	玛荣 Mǎ Róng	曼荣 Màn Róng	美雍 Měi Yōng
Marjorie_F	曼琴 Màn Qín	玛琪 Mǎ Qí	满济 Mǎn Jì	蔓琦 Màn Qí	美娇 Měi Jiāo
Mark_M	迈克 Mài Kè	麦克 Mài Kè	马克 Mǎ Kè	麦可 Mài Kě	马柯 Mǎ Kē

MarleneF	美琳 Měi Lín	美龄 Měi Líng	梅玲 Méi Líng	玛苓 Mǎ Líng	曼云 Màn Yún
MarthaF	美苔 Měi Tái	眉泰 Méi Tài	湄坦 Méi Tǎn	梅坛 Méi Tán	袤台 Mào Tái
MartinM	满庭 Mǎn Tíng	曼丁 Màn Dīng	懋亭 Mào Tíng	矛挺 Máo Tǐng	漫霆 Màn Tíng
MartineF	玛珍 Mǎ Zhēn	蔓真 Màn Zhēn	满铮 Mǎn Zhēng	美贞 Měi Zhēn	美臻 Měi Zhēn
MarvenM **Marvin**M	马文 Mǎ Wén	矛武 Máo Wǔ	毛威 Máo Wēi	茂文 Mào Wén	茂纬 Mào Wěi
MaryF	美丽 Měi Lì	梅丽 Méi Lì	玫丽 Méi Lì	美俐 Měi Lì	梅蕊 Méi Ruǐ
MasonM	梅逊 Méi Xùn	梅生 Méi Shēng	迈升 Mài Shēng	麦逊 Mài Xùn	茂盛 Mào Shèng
MathewM	迈希 Mài Xī	麦栩 Mài Xǔ	满胥 Mǎn Xū	迈修 Mài Xiū	麦秀 Mài Xiù
MaudF	茉莉 Mò Lì	墨黛 Mò Dài	默岱 Mò Dài	模迪 Mú Dí	侔第 Móu Dì
MauriceM	模励 Mó Lì	漠利 Mò Lì	墨礼 Mò Lǐ	默思 Mò Sī	茂立 Mào Lì
MaxM	马克 Mǎ Kè	迈克 Mài Kè	麦克 Mài Kè	迈斯 Mài Sī	麦斯 Mài Sī
MayF	梅丽 Méi Lì	美丽 Měi Lì	玫丽 Méi Lì	妙意 Miào Yì	敏益 Mǐn Yì

MichealM	满科 Mǎn Kē	漫柯 Màn Kē	芒开 Máng Kāi	麦康 Mài Kāng	迈可 Mài Kě
MichelF **Michelle**F	弥谐 Mí Xié	宓西 Mì Xī	美熙 Měi Xī	民谐 Mín Xié	美谐 Měi Xié
	米雪 Mǐ Xuě	美雪 Měi Xuě	美欣 Měi Xīn	麦谐 Mài Xié	蜜谐 Mì Xié
MickeyM	米奇 Mǐ Qí	鸣奇 Míng Qí	明捷 Míng Jié	民杰 Mín Jié	宓奇 Mì Qí
MirabelF	敏倍 Mǐn Bèi	明贝 Míng Bèi	茗蓓 Míng Bèi	美宝 Měi Bǎo	珉贝 Mín Bèi
MirandaF	米兰 Mǐ Lán	美兰 Měi Lán	美妲 Měi Dá	琅玳 Láng Dài	敏达 Mǐn Dá
MiriamF	瑞雅 Ruì Yǎ	美雅 Měi Yǎ	鸣扬 Míng Yáng	明阳 Míng Yáng	民仰 Mín Yǎng
MitchellM	敏辛 Mǐn Xīn	铭谢 Míng Xiè	明新 Míng Xīn	民欣 Mín Xīn	宓谦 Mì Qiān
MollyF	懋栎 Mào Lì	茉莉 Mò Lì	茂莉 Mào Lì	慕理 Mù Lǐ	慕礼 Mù Lǐ
MonaF	梦娜 Mèng Nà	梦兰 Mèng Lán	萌蒳 Méng Nán	孟兰 Mèng Lán	梦楠 Mèng Nán
MonicaF	茉莉 Mò Lì	眸丽 Móu Lì	墨灵 Mò Líng	沐霖 Mù Lín	慕玲 Mù Líng
MorganM	莫干 Mò Gān	牧甘 Mù Gān	慕刚 Mù Gāng	穆岗 Mù Gǎng	茂根 Mào Gēn

MosesM	莫什 Mò Shí	沐升 Mù Shēng	慕施 Mù Shī	穆生 Mù Shēng	慕胜 Mù Shèng
MurielF **Myra**F **Myrrha**F	睦丽 Mù Lì	穆丽 Mù Lì	慕瑞 Mù Ruì	慕容 Mù Róng	睦儒 Mù Rú
MyrtleF	茉丽 Mò Lì	茉莉 Mò Lì	慕理 Mù Lǐ	模理 Mó Lǐ	慕力 Mù Lì

NancyF	莳茜 Nán Xī	楠希 Nán Xī	蓝溪 Lán Xī	兰禧 Lán Xǐ	岚翁 Lán Xī
NaomiF	瑙宓 Nǎo Mì	洛美 Luò Měi	泺湄 Luò Méi	萝梅 Luó Méi	珞玫 Luò Méi
NatalieF	乐蒂 Lè Dì	娜丽 Nà Lì	蓝恬 Lán Tián	乃谦 Nǎi Qiān	乐陶 Lè Táo
NathanM	南唐 Nán Táng	男堂 Nán Táng	南庭 Nán Tíng	念亭 Niàn Tíng	年登 Nián Dēng
NellyF **Nellie**F	乐莉 Lè Lì	蕾丽 Lěi Lì	磊立 Lěi Lì	霓丽 Ní Lì	妮俐 Ní Lì
NevilleM **Newell**M	礼文 Lǐ Wén	理维 Lǐ Wéi	立伟 Lì Wěi	力卫 Lì Wèi	里昂 Lǐ Áng
NicholasM	立可 Lì Kě	礼珂 Lǐ Kē	黎轲 Lí Kē	理克 Lǐ Kè	立柯 Lì Kē
NickM **Nigel**M	尼克 Ní Kè	立铿 Lì Kēng	理恳 Lǐ Kěn	礼肯 Lǐ Kěn	黎可 Lí Kě
NoelM	洛安 Luò Ān	罗艾 Luó Ài	隆安 Lóng Ān	龙安 Lóng Ān	洛珥 Luò Ěr
NolaF	罗娜 Ló Nà	萝拉 Luó Lā	洛兰 Luò Lán	珞蓝 Luò Lán	乐朗 Lè Lǎng

Nolan_M	诺莱	洛朗	珞琅	蕾蓝	龙磊
	Nuò Lái	Luò Lǎng	Luò Láng	Lěi Lán	Lóng Lěi
Nora_F	珑然	罗兰	萝兰	隆楠	茏娜
	Lóng Rán	Luó Lán	Luó Lán	Lóng Nán	Lóng Nà
Norma_F	萝玛	罗曼	若曼	洛曼	萝蔓
	Luó Mǎ	Luó Màn	Ruò Màn	Luò Màn	Luó Màn
Norman_M	萝满	洛曼	若莽	诺缦	珞芒
	Luó Mǎn	Luò Màn	Ruò Mǎng	Nuò Màn	Luò Máng
Norris_M	诺理	洛立	罗瑞	络理	罗礼
	Luò Lǐ	Luò Lì	Luó Ruì	Luò Lǐ	Luó Lǐ

Olga_F	奥佳	欧佳	欧嘉	莞娇	沃嘉
	Ào Jiā	Ōu Jiā	Ōu Jiā	Wǎn Jiāo	Wò Jiā
Olive_F **Olivia**_F	奥芙	讴礼	欧隶	欧嘉	傲丽
	Ào Fú	Ōu Lǐ	Ōu Lì	Ōu Jiā	Ào Lì
Oliver_M	敖立	奥立	欧黎	欧立	奥理
	Ào Lì	Ào Lì	Ōu Lí	Ōu Lì	Ào Lǐ
Osbert_M **Oswald**_M	讴北	欧博	翱波	奥勃	傲槐
	Ōu Běi	Ōu Bó	Áo Bō	Ào Bó	Ào Huái
Owen_M	渥文	沃温	欧尉	鸥维	沃汶
	Wò Wén	Wò Wēn	Ōu Wèi	Ōu Wéi	Wò Wèn

187

P

Pamela_F	白梅 Bái Méi	葩美 Pā Měi	芭湄 Bā Méi	培苗 Péi Miáo	佩梅 Pèi Méi
Palmer_M	鹏陌 Péng Mò	蓬牧 Péng Mù	朋慕 Péng Mù	培睦 Péi Mù	沛墨 Pèi Mò
Parker_M **Pat**_M	沛特 Pèi Tè	培陶 Péi Táo	鹏腾 Péng Téng	蓬德 Péng Dé	白蒂 Bái Dì
Patience_F	佩恬 Pèi Tián	沛欣 Pèi Xīn	佩幸 Pèi Xìng	培心 Péi Xīn	朋歆 Péng Xīn
Patricia_F	佩翠 Pèi Cuì	佩夏 Pèi Xià	培侠 Péi Xiá	璀霞 Cuǐ Xiá	翠霞 Cuì Xiá
Patrick_M	鹏川 Péng Chūan	朋萃 Péng Cuì	沛椿 Pèi Chūn	培淳 Péi Chún	庞崔 Páng Cuī
Patty_F	贝倜 Bèi Tì	蓓缇 Bèi Tí	佩奇 Pèi Qí	培蒂 Péi Dì	佩琪 Pèi Qí
Paul_M	保仑 Bǎo Lún	保罗 Bǎo Luó	宝禄 Bǎo Lù	磐峦 Pán Luán	沛绿 Pèi Lù
Paula_F	包娜 Bāo Nà	宝兰 Bǎo Lán	彭乐 Péng Lè	佩娜 Pèi Nà	培乐 Péi Lè
Pauline_F	宝玲 Bǎo Líng	保琳 Bǎo Lín	佩玲 Pèi Líng	宝龄 Bǎo Líng	彭丽 Péng Lì

PearlF	波绿 Bō Lǜ	沛雨 Pèi Yǔ	佩宜 Pèi Yí	培羽 Péi Yǔ	珀玉 Pò Yù
PegF **Peggy**F	佩婕 Pèi Jié	佩姬 Pèi Jī	培丝 Péi Sī	蓬姬 Péng Jī	翩竞 Piān Jìng
PenelopeF	琵乐 Pí Lè	佩珞 Pèi Luò	培谊 Péi Yì	盼谊 Pàn Yì	朋立 Péng Lì
PennyF	盼宜 Pàn Yí	佩妮 Pèi Nī	朋谊 Péng Yì	培翼 Péi Yì	沛毅 Pèi Yì
PercyM	蒲西 Pú Xī	璞锡 Pú Xī	普熙 Pǔ Xī	蒲翕 Pú Xī	磐溪 Pán Xī
PeterM	必达 Bì Dá	彼登 Bǐ Dēng	培德 Péi Dé	品德 Pǐn Dé	比丹 Bǐ Dān
PhilipM	培力 Péi Lì	菲立 Fēi Lì	福乐 Fú Lè	丰磊 Fēng Lěi	峰立 Fēng Lì
PhoebeF	绯比 Fēi Bǐ	飞萍 Fēi Píng	斐碧 Fěi Bì	菲璧 Fēi Bì	翡碧 Fěi Bì
PhyllisF	菲丽 Fēi Lì	飞鹏 Fēi Lì	斐立 Fěi Lì	芙莉 Fú Lì	馥莲 Fù Lián
PriscillaF	瑞茜 Ruì Xī	茜娜 Xī Nà	锐思 Ruì Sī	蕊丝 Ruǐ Sī	熹岚 Xī Lán
PollyF	宝丽 Bǎo Lì	宝俐 Bǎo Lì	波丽 Bō Lì	佩莲 Pèi Lián	培立 Péi Lì
PrudenceF	茹丹 Rú Dān	普茹 Pú Rú	若黛 Ruò Dài	如笃 Rú Dǔ	柔丝 Róu Sī

RachelF	瑞霞 Ruì Xiá	瑞秀 Ruì Xiù	蕾秋 Lěi Qiū	蕊青 Ruǐ Qīng	乐琴 Lè Qín
RalphM	若夫 Ruò Fū	诺夫 Nuò Fū	磊孚 Lěi Fú	罗阜 Luó Fù	乐赋 Lè Fù
RaymondM	雷盟 Léi Méng	瑞蒙 Ruì Méng	雷孟 Léi Mèng	蕾萌 Lěi Méng	瑞满 Ruì Mǎn
RandyM	仁棣 Rén Dì	润第 Rùn Dì	瑞迪 Ruì Dí	荣第 Róng Dì	龙顶 Lóng Tǐng
RebeccaF	丽倍 Lì Bèi	蕊碧 Ruǐ Bì	丽开 Lì Kāi	立凯 Lì Kǎi	瑞碧 Ruì Bì
ReubenM	鲁斑 Lǔ Bān	禄斑 Lù Bān	芦白 Lú Bái	伦本 Lún Běn	弩本 Nǔ Běn
ReynoldM	雷诺 Leī Nuò	瑞罗 Ruì Luó	磊落 Lěi Luò	荣禄 Róng Lù	融乐 Róng Lè
RhodaF	萝姐 Léi Nuò	珞苔 Luò Tái	洛覃 Luò Tán	若桃 Ruò Táo	若丹 Ruò Dān
RichardM	理琦 Lǐ Qí	礼杰 Lǐ Jié	立奇 Lì Qí	力骞 Lì Qiān	仁乾 Rén Qián
RitaF	丽妲 Lì Dá	丽丹 Lì Dān	丽桃 Lì Táo	瑞妲 Ruì Dá	李桃 Lǐ Táo

RobertM	若柏 Ruò Bǎi	洛波 Luò Bō	伦博 Lún Bó	罗伯 Luó Bó	罗勃 Luó Bó
RobinMF	罗宾 Luó Bīn	若屏 Ruò Píng	罗彬 Luó Bīn	乐平 Lè Píng	罗斌 Luó Bīn
	如冰 Rú Bīng	如碧 Rú Bì	若冰 Ruò Bīng	若萍 Ruò Píng	罗萍 Luó Píng
RogerM **Rodger**M	如坚 Rú Jiān	嵘建 Róng Jiàn	罗杰 Luó Jié	若剑 Ruò Jiàn	荣嘉 Róng Jiā
RolandM	如岚 Rú Lán	容朗 Róng Lǎng	儒兰 Rú Lán	融琅 Róng Láng	若澜 Ruò Lán
RonaldM	罗楠 Luó Nán	乐然 Lè Rán	禄纳 Lù Nà	若男 Ruò Nán	儒南 Rú Nán
RonneM **Ronney**M **Rony**M	仁义 Rén Yì	伦立 Lún Lì	雷毅 Léi Yì	若礼 Ruò Lǐ	儒立 Rú Lì
	若丽 Ruò Lì	如意 Rú Yì	容丽 Róng Lì	如俐 Rú Lì	如逸 Rú Yì
RoseF **Rosemary**F	玫瑰 Méi Guī	若玫 Ruò Méi	露丝 Lù Sī	如诗 Rú Shī	柔思 Róu Sī
	萝媚 Luó Mèi	如湄 Rú Méi	若梅 Ruò Méi	玫瑞 Méi Ruì	玫丽 Méi Lì
RossM	罗斯 Luó Sī	路思 Lù Sī	陆思 Lù Sī	卢思 Lú Sī	若斯 Ruò Sī
RubyF	如冰 Rú Bīng	茹比 Rú Bǐ	露宓 Lù Mì	绿碧 Lù Bì	如意 Rú Yì

RudolfM	儒道 Rú Dào	笃多 Dǔ Duō	鲁道 Lǔ Dào	楮冬 Chǔ Dōng	如夫 Rú Fū
RuppertM	如鹏 Rú Péng	儒沛 Rú Pèi	汝培 Rǔ Péi	戎蓬 Róng Péng	荣丕 Róng Pī
RuthF	如莳 Rú Shì	若实 Ruò Shí	鹭丝 Lù Sī	茹适 Rú Shì	柔士 Róu Shì

S

SallyF	莎莉 Shā Lì	莎伊 Shā Yī	莎丽 Shā Lì	珊丽 Shān Lì	赛丽 Sài Lì
SamM **Sames**M **Sammis**M	山穆 Shān Mù 山密 Shān Mì	森牧 Sēn Mù 山明 Shān Míng	生睦 Shēng Mù 桑盟 Sāng Méng	瑟牧 Sè Mù 商牧 Shāng Mù	赛亩 Sài Mǔ 杉亩 Shān Mǔ
SamsonM	桑生 Sāng Shēng	善升 Shàn Shēng	上申 Shàng Shēn	山盛 Shān Shèng	杉胜 Shān Shèng
SamuelM	桑木 Sāng Mù	桑慕 Sāng Mù	杉慕 Shān Mù	飒绵 Sà Mián	山慕 Shān Mù
SandraF **Sarah**F	莎兰 Shā Lán	莎乐 Shā Lè	善兰 Shàn Lán	思兰 Sī Lán	赛岚 Sài Lán
ScottM	史可 Shǐ Kě	席肯 Xí Kěn	熙科 Xī Kē	西库 Xī Kù	希克 Xī Kè
SebastianM	柏田 Bó Tián	益添 Yì Tiān	庞田 Páng Tián	沛天 Pèi Tiān	泮田 Pàn Tián
SharleyF	谢莉 Xiè Lì	谐理 Xié Lǐ	谢丽 Xiè Lì	协丽 Xié Lì	谐丽 Xié Lì
SharronF	莎瑞 Shā Ruì	霞云 Xiá Yún	夏伦 Xià Lún	湘芸 Xiāng Yún	谢伦 Xiè Lún

Shelley_F **Sherrill**_F	谢丽 Xiè Lì	茜莉 Xī Lì	璇霓 Xuán Ní	学礼 Xué Lǐ	雪妮 Xuě Nī
Sherman_M	谢曼 Xiè Màn	熙满 Xī Mǎn	徐萌 Xú Méng	舒曼 Shū Màn	许茂 Xǔ Mào
Sherry_F **Shirley**_F	雪莉 Xuě Lì	希立 Xī Lì	谢丽 Xiè Lì	雪妮 Xuě Nī	喜丽 Xǐ Lì
Sidney_M	希礼 Xī Lǐ	惜黎 Xī Lí	喜倪 Xǐ Ní	熙旎 Xī Nǐ	玺年 Xǐ Nián
Silvia_F	茜雅 Xī Yǎ	禧阳 Xǐ Yáng	喜扬 Xǐ Yáng	惜芽 Xī Yá	惜微 Xī Wēi
Simon_M **Simonds**_M	希孟 Xī Mèng	西蒙 Xī Méng	仙梦 Xiān Mèng	惜萌 Xī Méng	思萌 Sī Méng
Solomon_M	苏骆 Sū Luò	肖罗 Xiāo Luó	孙伦 Sūn Lún	穗茂 Suì Mào	素罗 Sù Luó
Sophia_F **Sophie**_F	素雅 Sù Yǎ	苏菲 Sū Fēi	粟斐 Sù Fěi	颂飞 Sòng Fēi	澍菲 Shù Fēi
Spencer_M	宾赛 Bīn Sài	史宾 Shǐ Bīn	史班 Shǐ Bān	斯朋 Sī Péng	思本 Sī Běn
Stanford_M	思腾 Sī Téng	史福 Shǐ Fú	史凡 Shǐ Fán	思丰 Sī Fēng	思涵 Sī Hán
Stanley_M	史立 Shǐ Lì	史丹 Shǐ Dān	思谈 Sī Tán	思亮 Sī Liàng	思立 Sī Lì
Stella_F	史蒂 Shǐ Dì	思缇 Sí Tí	得乐 Dé Lè	桃乐 Táo Lè	丝岱 Sī Dài

StephenM **Steve**M	史文 Shǐ Wén	斯文 Sī Wén	石枫 Shí Fēng	思丰 Sī Fēng	迪奋 Dí Fèn
	史迪 Shǐ Dí	斯倜 Sī Tì	倜夫 Tì Fū	士凡 Shì Fán	思悌 Sì Tì
SueF	苏怡 Sū Yí	舒宜 Shū Yí	淑喜 Shū Xǐ	苏伊 Sū Yí	素仪 Sù Yí
SusanF **Susanna**F	苏珊 Sū Shān	素珊 Sù Shān	淑婉 Shū Wǎn	舒安 Shū Ān	淑赞 Shū Zàn
	澍珊 Shù Shān	舒姗 Shū Shān	树善 Shù Shàn	抒莘 Shū Shēn	素杉 Sù Shān
SusieF	苏适 Sū Shì	淑诗 Shū Shī	舒式 Shū Shì	舒茜 Shū Xī	淑世 Shū Shì
SylviaF	茜薇 Xī Wéi	喜雅 Xǐ Yǎ	淑婉 Shū Wǎn	史薇 Shǐ Wēi	晓薇 Xiǎo Wēi

Taylor_M	泰勒 Tài Lè	特劳 Tè Láo	涛浪 Tāo Làng	陶雷 Táo Léi	陶乐 Táo Lè
Ted_M Teddy_M	泰德 Tài Dé	太迪 Tài Dí	泰狄 Tài Dí	德棣 Dé Dì	德迪 Dé Dí
Terence_M Theron_M	德仁 Dé Rén	登荣 Dēng Róng	特锐 Tè Ruì	得人 Dé Rén	棣伦 Dì Lún
Teresa_F Theresa_F	德莉 Dé Lì	瑞飒 Ruì Sà	瑞珊 Ruì Shān	蕊珊 Ruǐ Shān	芮莎 Ruì Shā
Terrell_M Terry_M	德锐 Dé Ruì	倜睿 Tì Ruì	得锐 Dé Ruì	逖仑 Tì Lún	迪锐 Dí Ruì
Theobald_M Theodore_M	熙博 Xī Bó	喜勃 Xǐ Bó	希报 Xī Bào	喜宝 Xǐ Bǎo	玺褒 Xǐ Bǎo
Thomas_M	栋木 Dòng Mù	东牧 Dōng Mù	洞睦 Dòng Mù	端慕 Duān Mù	登穆 Dēng Mù
Timothy_M	逖芒 Tì Máng	迪萌 Dí Méng	墨希 Mò Xī	惕模 Tì Mó	笛慕 Dí Mù
Tina_F	婷娜 Tíng Nà	亭兰 Tíng Lán	蒂娜 Dì Nà	恬然 Tián Rán	田蓝 Tián Lán
Tom_M Tommy_M	棠木 Táng Mù	同茂 Tóng Mào	仲明 Zhòng Míng	通美 Tōng Měi	多明 Duō Míng

TonyM	陶尼 Táo Ní	同立 Tóng Lì	通隶 Tōng Lì	棠礼 Táng Lǐ	多理 Duō Lǐ
TracyM **Traris**M	崔熙 Cuī Xī	曾熙 Zēng Xī	仓奇 Cāng Qí	蔡锡 Cài Xī	曹西 Cáo Xī

VanceM **Valentine**M	范伦 Fàn Lún	方庭 Fāng Tíng	奉天 Fèng Tiān	芳廷 Fāng Tíng	范亭 Fàn Tíng
VeraF	薇娜 Wēi Nà	葳若 Wēi Ruò	炜然 Wěi Rán	雯娅 Wén Yà	文雅 Wén Yǎ
VeronicaF	若仪 Ruò Yí	文丽 Wén Lì	若丽 Ruò Lì	蔚丽 Wèi Lì	葳莉 Wēi Lì
VictorM	维德 Wéi Dé	炜唐 Wěi Táng	伟德 Wěi Dé	维堂 Wéi Táng	伟泰 Wěi Tài
VictoriaF	玮文 Wěi Wén	玮丽 Wěi Lì	玮雅 Wěi Yǎ	滔洋 Tāo Yáng	桃娘 Táo Niáng
VickiF	玮琦 Wěi Qí	蔚琪 Wèi Qí	薇琪 Wēi Qí	文奇 Wén Qí	雯祈 Wén Qí
VincentM	文森 Wén Sēn	雯兴 Wén Xīng	文心 Wén Xīn	温馨 Wēn Xīn	文新 Wén Xīn
VioletF	万蕾 Wàn Lěi	莞乐 Wǎn Lè	琬珞 Wǎn Luò	薇丽 Wēi Lì	葳蕾 Wēi Lěi
VirginiaF	文锦 Wén Jǐn	玮琴 Wěi Qín	菁雅 Jīng Yǎ	温雅 Wēn Yǎ	晶娘 Jīng Niáng
VivianF	玮文 Wěi Wén	雯安 Wén Ān	薇文 Wēi Wén	蔚洋 Wèi Yáng	炜阳 Wěi Yáng

W

Ward_M **Walter**_M	华特 Huá Tè	万通 Wàn Tōng	望图 Wàng Tú	旺梃 Wàng Tǐng	威廷 Wēi Tíng
Wendy_F	文棣 Wén Dì	温蒂 Wēn Dì	莞迪 Wǎn Dí	文缇 Wén Tí	薇蒂 Wēi Dì
Wiefrid_M	伟福 Wěi Fú	威孚 Wēi Fú	伟夫 Wěi Fū	维赋 Wéi Fù	尉甫 Wèi Fǔ
Wilbert_M	伟伯 Wěi Bó	韦柏 Wěi Bó	卫勃 Wèi Bó	伟波 Wěi Bō	威博 Wēi Bó
Wilfred_M **Wilford**_M	维福 Wéi Fú	伟夫 Wěi Fū	维德 Wéi Dé	威瑞 Wēi Ruì	蔚芙 Wèi Fú
William_M **Willie**_M	维廉 Wéi Lián	伟良 Wěi Liáng	为连 Wèi Lián	纬联 Wěi Lián	蔚谦 Wèi Lián
Wilson_M	威逊 Wēi Xùn	维成 Wéi Chéng	伟琛 Wěi Chēn	卫胜 Wèi Shèng	文生 Wén Shēng
Winifred_F	威力 Wēi Lì	葳利 Wēi Lì	富瑞 Fù Ruì	伟福 Wěi Fú	玮阜 Wěi Fù
Winston_M **Winton**_M	文新 Wén Xīn	维成 Wéi Chéng	威迅 Wēi Xùn	文通 Wén Tōng	伟欣 Wěi Xīn

YaleM	叶鲁 Yè Lǔ	业乐 Yè Lè	耶乐 Yē Lè	也乐 Yě Lè	业路 Yè Lù
YvonneF	逸凡 Yì Fán	怡凡 Yí Fán	逸芳 Yì Fāng	奕芳 Yì Fāng	宜旺 Yí Wàng

ZamesM	赞直 Zàn Zhí	展斯 Zhǎn Sī	展思 Zhǎn Sī	赞思 Zàn Sī	展司 Zhǎn Sī
ZoeF	卓奕 Zhuō Yì	焯奕 Zhuō Yì	祚颐 Zuò Yí	珠熠 Zhū Yì	琢玉 Zhuó Yù